0 km
100
h a n g
Nyima
Draknak
Nagchu
B E T
Namtso
Nyenchen Tanglha
7162 m
m a l a j a
Lhasa
Yarlung Tsangpo
Shigatse
Tsethang
Gongkar
Lhatse
Gyantse
Dingri
Chomolangma
[Mt. Everest]
8848 m
j a
BHUTAN
Thimphu

བོད་

York Hovest

HUNDERT TAGE TIBET

Das Versprechen

NATIONAL GEOGRAPHIC

Seite 1: Das tibetische Zeichen für Tibet.
Seiten 2/3: Mönche beim Debattieren im Kloster Ganden. Bei dieser uralten Tradition geht es mitunter lautstark zu, wenn unter den Teilnehmern eine hitzige Diskussion entbrennt.
Seite 4: Von einem nahe gelegenen Berg bei Old Tingri genieße ich die spektakuläre Aussicht auf die beeindruckende Gebirgswelt Tibets. Links im Bild ragt die Spitze des Cho Oyu mit seinen 8188 Metern in den Himmel.

VORWORT

NEPAL

1200 m – 4000 m

ZENTRALTIBET

3600 m – 5200 m

ANHANG

SÜDTIBET

3600 m – 5200 m

WESTTIBET

4000 m – 6000 m

NORDTIBET

4200 m – 5100 m

THE DALAI LAMA

Deutsche Übersetzung des englischen Originaltextes

Ich habe Menschen immer dazu ermutigt, nach Tibet zu reisen, um die Situation der Tibeter und im Land mit eigenen Augen sehen zu können. Ich bin froh, dass York Hovest, ein professioneller Fotograf aus Deutschland, in der Lage war, Tibet zu besuchen und diese außergewöhnlichen Bilder von unserem Volk, unserer Kultur und unserer Landschaft zu machen.

Ich hoffe, das Buch von National Geographic wird den Lesern eine Vorstellung von der reichen und weit zurückreichenden buddhistischen Kultur Tibets vermitteln, zu deren natürlichem Erbe Gewaltlosigkeit und Mitgefühl zählen.

Solche Bildbände helfen auch, die Aufmerksamkeit darauf zu lenken, welches Potenzial das tibetische Kulturerbe hat, zur Entwicklung der Menschheit beizutragen. Daher freue ich mich sehr über das Projekt von York Hovest.

26. April 2014

DAS VERSPRECHEN

Berührt von der persönlichen Begegnung mit dem 14. Dalai Lama und inspiriert von seinen bewegenden Worten über das Schicksal seines Landes, versprach ich ihm, Tibet zu bereisen. Seine Heimat in ihrer Schönheit zu porträtieren und Teile der vom Untergang bedrohten Kultur und ihrer Traditionen durch meine Kameraarbeiten zu bewahren.

Tenzing Gyatso, dem geistlichen Oberhaupt der Tibeter, gelang es im März 1959, von Lhasa aus ins indische Exil zu fliehen. Heute lebt er in Dharamsala, von wo aus er sich seit mehr als 50 Jahren als Botschafter für eine gewaltlose Befreiung seines Landes engagiert. Durch seinen permanenten Einsatz für Frieden und Mitgefühl findet der Dalai Lama Anerkennung in der ganzen Welt. Er kämpft für das Selbstbestimmungsrecht Tibets sowie um dessen religiöse Identität. Dafür wurde er im Jahre 1989 mit dem Friedensnobelpreis ausgezeichnet. Sein Heimatland hat er jedoch seit über 50 Jahren nicht mehr betreten dürfen.

Hoch oben, zwischen den höchsten Bergen der Welt, abgeschieden wie kein zweites Land auf dieser Erde, liegt Tibet. Die beunruhigenden Nachrichten über die dortigen politischen Verhältnisse reißen nicht ab und lassen erahnen, wie schwierig die Situation für die verbliebenen Tibeter sein muss. Aber auch das Bild des märchenhaften buddhistischen Shangri-La-Paradieses mit seiner Spiritualität wird in den Medien gezeichnet.

Mit seiner über 1000-jährigen Geschichte blickt das Land auf einzigartige Traditionen zurück und begeistert mit seinen wundervollen Landschaften, den kristallklaren Seen und atemberaubenden Bergpanoramen, die sich in alle Richtungen hin erstrecken. Weite Steppen wechseln sich mit rauen, zerklüfteten Canyons ab, die bis zum schier unendlichen Horizont zu reichen scheinen. Farbenprächtige Gesteinsschichten, die von der Entstehung Tibets zeugen, durchziehen das Land wie bunte Bänder. Diese nahezu unberührte und einmalige Natur beherbergt ein Volk, dessen Gastfreundschaft und Freundlichkeit fast genauso stark ausgeprägt sind wie der tief in ihm verwurzelte Buddhismus.

Die Menschen haben gelernt, mit den wenigen Dingen auszukommen, die die Natur ihnen bietet. Karge Steppen, Sand und Steine prägen das Bild der Landschaft. Doch so karg es auch zu sein scheint, die Tibeter zaubern aus den Rohstoffen, die ihren Weg teilweise über die jahrhundertealten Handelsrouten finden, wahre Kunstwerke. Farben in einer unglaublichen Bandbreite zieren in filigranen Mustern Klöster und heilige Stätten. Auch in der traditionellen Kleidung finden sich diese wieder. Fein gewebte Stoffe, die den sozialen Stand offenbaren und zu buddhistischen Festen oder Zeremonien getragen werden, sieht man überall. Dazu kombinieren sowohl Männer als auch Frauen lange, bunte Ketten, die in mühevoller Handarbeit aus Türkis und Koralle gefertigt sind. Aber das eine Utensil, das jeder gläubige Tibeter stets bei sich trägt, ist seine Gebetsmühle. Das leise Rattern und Surren begleitet mich überall. Jeder Tempel, jedes Kloster ist erfüllt vom gleichförmigen Klang der Mühlen. In Kombination mit den gemurmelten Gebeten und Mantras fühlt man sich wie in einer anderen Welt.

Genau das ist Tibet. Eine besondere, andere Welt. Auf meiner Reise versuche ich, so viele Eindrücke wie möglich von den Menschen, ihrer Kultur und der aktuellen Situation zu sammeln. Daher deckt die gefahrene Route die für mich wichtigsten Regionen Tibets ab, die ich in den 100 Tagen meiner Reise erreichen kann. Zum besseren Verständnis habe ich meine Expedition in die vier Himmelsrichtungen aufgeteilt, nach denen auch die folgenden Kapitel benannt sind.

Ich freue mich, dass Sie mich auf meiner Reise in dieses geheimnisvolle Land begleiten.

Herzlichst

བལ་ཡུལ་

NEPAL

Seiten 12/13: Wie aus einer anderen Welt: Spitzen aus Messing thronen über holzgeschnitzten Reliefs und Skulpturen, Fabelwesen und Götterfiguren. Im goldenen Licht erstrahlt die Pagode am Durbar Square vor dem Königspalast Mul Chowk in der vorrangig buddhistischen Stadt Patan.

NEPAL

Dem Himmel so nah

Seit jeher beflügelt die atemberaubende Bergwelt Nepals unterhalb des tibetischen Hochplateaus mit den sagenumwobenen Achttausendern Dhaulagiri und Annapurna die Fantasien der Bergsteiger. Start und Ausgangspunkt vieler Expeditionen ist die Hauptstadt Kathmandu, die sich im tiefer gelegenen Kathmandu-Tal auf einer Höhe von 1300 Metern befindet.

Aufgrund der geographischen Lage des Landes lebt der größte Teil der nepalesischen Bevölkerung in den niederen Regionen, wo Landwirtschaft betrieben wird und sich verschiedenste Industriezweige angesiedelt haben. Wichtigster Wirtschaftszweig ist jedoch der Tourismus. Städte wie Kathmandu oder Pokhara haben sich auf Besucher spezialisiert, die wegen der alten Tempel, der unberührten Natur oder der eisigen Höhen des Himalajas ins Land kommen. Da Nepal zu den ärmsten Regionen der Erde gehört, ist diese Einnahmequelle unverzichtbar für die Bevölkerung, die sich aus Menschen unterschiedlichster Herkunft zusammensetzt.

Unzählige ethnische Minderheiten machen Nepal zu einem Vielvölkerstaat, dessen Kastensystem sich ähnlich dem des Nachbarlandes Indien entwickelt hat. Ein Teil dieser Minderheiten besteht aus den Nachfahren tibetischer Flüchtlinge, die einst ihr Leben riskierten, um über die gefährlichen Pässe des Himalajas vor der chinesischen Besatzung zu fliehen.

Besonders in Kathmandu ist die Vielfältigkeit der unterschiedlichen Kulturen sichtbar, die hier zu einem interessanten und einmaligen Bevölkerungsmix zusammengewachsen sind.

6000 m · 4000 m · 1200 m · 0 m

0 km
100
Drongpa Tradun
Saga
Raga
Lo Manthang
[Mustang]
Dzongka
Jomsom
Dhaulagiri
8167 m
Annapurna
8091 m
Machapuchare
6997 m
Lhalung-La-Pass
Dingri
Shishapangma
8021 m
Nyalam
Pokhara
NEPAL
Cho Oyu
8188 m
Kathmandu
Bodnath
Pashupatinath
Nyatapola
Königspalast
Bhaktapur
Mul Chowk
Patan
Barhabise
N
NE
E
SE
S
SW
W
NW

Rechts: Die *sadhus* (heilige Männer), oder auch *babas* genannt, sind hinduistische Asketen, denen wegen ihrer Gelübde und rituellen Handlungen vom Volk höchste Anerkennung entgegengebracht wird. Sie leben häufig in der Nähe großer Tempel und verbringen ihren Alltag zum Teil ohne Körperbekleidung, in absoluter Bedürfnislosigkeit und Meditation.

Seiten 18/19: Am Fuße des bedeutendsten buddhistischen Heiligtums Kathmandus finden sich täglich unzählige Tibeter ein, um zwischen den Räucheröfen zu beten. Bodnath wurde vor allem nach der Flucht des Dalai Lamas 1959 zum religiösen Zentrum vieler tibetischer Flüchtlinge. Unweit der Anlage befinden sich seitdem Auffanglager und Hilfsorganisationen vieler Exiltibeter.

EXPEDITIONS-VORBEREITUNG

Im Trubel von Kathmandu

AUCH MICH FÜHRT MEINE REISE zunächst in die Hauptstadt. Hier werde ich die letzten Einzelheiten meiner Tibet-Route planen und mein Team zusammenstellen. Nachdem ich mich zu Hause in Deutschland bereits körperlich und geistig auf die anstrengende Zeit, die nun vor mir liegt, vorbereitet habe, werden die Details der Expedition von hier aus organisiert. Zunächst einmal gilt es, einen vertrauenswürdigen Sherpa zu finden, der mich über den gesamten Zeitraum in Tibet begleiten sollte. Hierfür berief ich mich auf einen Agenten, der mir empfohlen worden war, und hatte auch gleich beim ersten Gespräch großes Glück. Mit Tenzing bin ich bis heute befreundet und habe ihm viel zu verdanken. Seiner tibetischen Herkunft ist es zuzuschreiben, dass wir so viele unvergessliche Erlebnisse mit Tibetern haben durften. Als ständiger Übersetzer während der Expedition erwies er sich als unverzichtbares Mitglied des Teams und letztendlich auch als guter Freund.

Tenzing war es auch, der mit seinem feinen Gespür und seiner langen Erfahrung zusammen mit mir die zahlreichen Träger und weiteren Expeditionsteilnehmer auswählte. Gemeinsam bereiteten wir alles vor und vervollständigten das Equipment. Zelte, Steigeisen und andere wichtige Kleinteile kauften wir bei nepalesischen Händlern. Er war immer mit dabei, mein Sherpa, der als Einziger wusste, was ich in Bezug auf mein Versprechen dem Dalai Lama gegenüber vorhatte, denn für alle anderen Mitglieder des Teams war ich einfach nur ein exzentrischer Europäer, der es sich in den Kopf gesetzt hatte, eine besonders lange Reise durch Tibet zu unternehmen.

Auch die einzelnen Akklimatisationsschritte planten wir von hier aus: mehrere Höhenaufstiegstage, die mich ins berühmte Annapurna-Gebiet führen sollten. Eine Region, die durch ihre legendären Achttausender bekannt ist. Auch dort hatte ich mir für meine Reise ein paar Orte herausgesucht, die ich unbedingt fotografieren wollte. Einer davon lag im Mustang-Gebiet, im tiefsten Tal der Welt zwischen den Achttausender-Eisbergen. Hier oben wanderte ich mit einem Teil des Teams weiter zu Fuß in die Berge, um meine Belastbarkeit zu testen. Temperaturunterschiede von bis zu 50 Grad galt es auszuhalten, denn während in Kathmandu angenehme 30 Grad herrschen, sinkt die Temperatur in den Bergen auch aufgrund der spontanen Wetterwechsel auf teilweise minus 20 Grad.

Immer wieder geht es nach solchen anstrengenden Ausflügen zurück nach Kathmandu. Zurück auf 1300 Meter Höhe, damit sich mein Körper besser an die neuen Anforderungen gewöhnen kann. In den Tagen, die zwischen meinem Training liegen, unternehme ich vom Hotel aus unzählige Ausflüge in Kathmandu und Umgebung. Die Stadt ist atemberaubend. Überall bemerke ich kleine buddhistische und hinduistische Opferaltare, die in die Wände vieler Häuser eingearbeitet sind. Drachenköpfe und schaurige Fratzen säumen die Außenfassaden an deren Eckpunkten, und ich frage mich, wie viele verschiedene Religionen sich hier zu diesem besonderen Mix zusammengetan haben. Durch die engen, verstaubten Gassen gelange ich nach einer guten Stunde zu Fuß in die Altstadt. Die uralten, aus Schlammziegeln und Holz erbauten Häuser machen den Ein-

Falls du glaubst, dass du zu klein bist,
um etwas zu bewirken,
dann versuche einmal zu schlafen, wenn
eine Mücke im Raum ist.

Dalai Lama

druck, als würden sie schon bald in sich zusammenfallen, doch ein Nepalese bestätigt mir stolz das Alter dieser Häuser von etwa 1500 Jahren. Wunderschöne Pfauenfenster in mühevoller Holzschnitzarbeit zieren die Fassaden der Stadt. Winzige Läden reihen sich neben Steingöttern und Opferaltären am Straßenrand aneinander. Das Leben spielt sich genau hier ab. Schnell zeigt sich aber auch das andere Gesicht der Stadt: Mensch und Tier, die teilweise im Schmutz leben, sich waschen und ihr Geschäft verrichten. Die Flüsse fungieren als Kanalisation und Abfallentsorgungssystem.

An einer weiteren Kreuzung treffe ich auf eine Gruppe wartender Fahrradtaxis. Ich unterhalte mich gerne mit Rikschafahrern. Sie sind bestens informiert, wissen meist viel über ihre Stadt und können oft in vielen Sprachen behilflich sein. Die jungen engagierten Fahrer empfehlen mir, den Palasthof zu besuchen. Da ich mich in Kathmandu noch nicht so gut auskenne, bin ich dankbar für diesen Tipp und lasse mich umgehend von meinem Begleiter durch das wilde Gedrängel auf den Straßen zum Basantapur Durbar Square bringen. Eine von drei Königsstädten (Kathmandu, Bhaktapur und Patan), in denen sich wunderschöne Palasthöfe mit Tempeln und heiligen Hallen befinden. Basantapur war einst Wohnsitz des nepalesischen Königs. Heute ist der Palast in ein Museum umgebaut worden. Die umliegenden Plätze und Höfe sind touristische Anziehungspunkte und Rückblick in vergangene Zeit zugleich. Ein paar Stunden verbringe ich im Palasthof und besteige zum Abschluss den neunstöckigen Palast. Ich werde mit einem herrlichen Ausblick belohnt.

Mehr und mehr Bettler und verstümmelte Menschen haben sich zwischen Mönchen und Touristen ihren Platz gesucht. Kathmandu platzt förmlich aus allen Nähten, keine Luft zum Atmen. Als wir wieder zurück sind im dichten Verkehr der Stadt, frage ich mich, warum selbst in den kleinsten Gassen noch Autos fahren dürfen. Oft schon bin ich heute auf höher gelegene Steinkanten ausgewichen, um mich vor drängelnden Motorrädern in Sicherheit zu bringen. Die Straßen sind zum größten Teil nicht asphaltiert. Man bahnt sich also zwischen Mopeds, Rikschas und Kühen seinen Weg durch die endlos erscheinenden Schluchten, die sich irgendwie alle ähneln. Immer wieder versuche ich mir markante Kreuzungen oder auffällig erscheinende Plätze einzuprägen. Mir fällt schnell auf, wie viele Hindus unter den nepalesischen Einheimischen leben. So viele, das man den Eindruck bekommt, es seien mehr Menschen indischer Herkunft in Nepal, als andersherum.

Ich entdecke *babas* und *sadhus* im Straßenbild. Ein *sadhu* ist ein Asket, der sich für ein streng religiöses Leben entschieden hat. Er reist durch die ländlichen Gebiete, ist meist heimatlos und hält sich in den Städten in der Nähe von Tempelanlagen auf. Manche von ihnen leben völlig abgeschottet von der Außenwelt in Höhlen, in denen sie meditieren.

Die Ausrüstung, die ich ständig in meinem großen Rucksack bei mir habe, beinhaltet eine Leica S2 mit einem 35-mm-Weitwinkel, einem 70-mm-Objektiv für Porträts und einem 180-mm für Aufnahmen in der Ferne. Dazu kommt für den schnellen Einsatz eine

Links: Das tibetische Zeichen für Mensch. *Oben:* Eine mystische Stimmung herrscht in Bhaktapur vor einer etwa 30 Meter hohen Pagode. Der Treppenaufgang vor dem Nyatapola-Tempel wird von Steinelefanten, Löwen, zwei Greifvögeln und zwei Tigern flankiert, die der Sage nach übermenschliche Kräfte besitzen.

handliche kleine Leica Kompaktkamera, die sich als sehr nützlich erweist. Zum einen, weil sie einen integrierten GPS-Sender zur genauen Positionsbestimmung hat, und zum anderen, weil sie durch ihre Handlichkeit besser für spontane Schnappschüsse geeignet ist als die große S2. Ich laufe gegen Abend zurück ins Hotel, wo ich mich erst einmal meiner durchgeschwitzten Kleidung entledige. So laut Kathmandu tagsüber auch ist, so leise wird es dann nach Sonnenuntergang. Es ist ein Leben angepasst an das Licht. Noch bevor ich mich ein zehntes Mal im Bett umdrehe, kommen auch schon die ersten Sonnenstrahlen durchs Moskitonetz.

Heute habe ich einen Fahrer engagiert, der mich zum Hindu-Bestattungsplatz am Flusslauf des Bagmati bringen soll. Uralte, von Hand in den massiven Stein gemeißelte Treppen führen mich nach oben über die Anlage von Pashupatinath. Vorbei an vielen kleinen Opferstellen und Ministupas. Oben angekommen, treffe ich auf einige *sadhus*, die ich gehofft habe hier fotografieren zu können. Doch bevor ich meine Kamera aus dem Rucksack holen kann, ergreift einer von ihnen meine Hand und führt mich zielstrebig zu einer kleinen, dunklen Höhle. „Baba" ist das einzige Wort, das ich seinem Gemurmel entnehmen kann. Aufgeregt lasse ich mich von ihm weiterführen.

Auf einem kleinen roten Teppich sitzt der *baba*. Ein nur mit Asche bedeckter *sadhu*, spindeldürr, mit angsteinflößenden, tiefschwarzen Augen, schaut mich aus einer kleinen Öffnung in der Tempelanlage an. Der Mann muss über 90 Jahre alt sein. Er ist komplett mit weißem Staub bedeckt. Die Asche der Toten. Fast regungslos sitzt er da und schaut mich an. Ich knie zu dem Alten nieder und deute vorsichtig meine Absicht an, ein paar Nahaufnahmen zu machen. Doch beim Näherkommen nimmt er meine beiden Hände und summt fast wie in Trance Melodien vor sich hin. Er streicht sich mit dem Daumen über die Stirn, auf der er drei Streifen in gelb-roter Farbe trägt. Anschließend drückt er ihn mir auf die Stirn. Hinter mir höre ich einen Yogi sagen: «Long life and happiness for you.» Ich bin überglücklich und sprichwörtlich spirituell tief berührt, als ich mit unbeholfenen Handbewegungen versuche, mich ebenbürtig zu verabschieden.

Die restliche Zeit, die ich in Kathmandu verbringe, nutze ich, um die vielen Genehmigungen zu beantragen, die für meine Expeditionsziele notwendig sind. Durch die unzähligen Kontrollen der Chinesen in Tibet können Touristen heute kaum noch einen einzigen Schritt ohne Erlaubnis, geschweige denn ohne einen zugewiesenen Aufpasser tun. Auch ich musste im Vorfeld darauf achten, aus allen Unterlagen und Büchern, die ich mitnehmen wollte, eventuell abgedruckte Bilder des Dalai Lamas zu entfernen. Der Besitz eines Fotos des Dalai Lamas zieht in Tibet erhebliche Strafen nach sich. Bei Touristen kann es zur sofortigen Ausweisung kommen. Es ist erschreckend, mit wie viel Druck die Chinesen zu verhindern versuchen, dass sich der Glaube an Seine Heiligkeit weiter fortsetzt. Aber genau deshalb bin ich hier. Ich möchte herausfinden, wie die Tibeter heutzutage mit den Besatzern umgehen und wie sie ihren Glauben praktizieren, ohne ihn in aller Form ausleben zu dürfen.

Oben: Ein tibetischer Mönch bei seinen täglichen Gebeten in Form von Niederwerfungen. Insgesamt leben heute etwa 20000 Tibeter in Nepal. Viele von ihnen haben die gefährliche Flucht über die Pässe des Himalajas gewagt. Doch auch das Leben im nepalesischen Exil wird aufgrund des chinesischen Einflusses zunehmend schwerer und so flüchten sich die meisten nach Indien.

Rechts: Im Alltag der in Nepal lebenden Hindus ist die Religion ein wichtiger Bestandteil. In den Gebeten zu ihren Göttern wird der heilige Segen in Form eines Punktes, auch *tika* genannt, symbolisch auf der Stirn aufgetragen. Bereits Kinder werden mit einem schwarzen Punkt versehen und ihre Augen geschminkt, meist mittels Kohle oder Kajal. Dies soll sie vor dem bösen Blick schützen, der auch im Hinduismus als schlechtes Omen gefürchtet wird.

Oben: Inmitten der Menschenmenge der Altstadt von Kathmandu finden unzählige Gemüse- und Obsthändler ihren Platz am Straßenrand. Überall nimmt man die fremdartigen Gerüche der verschiedenen Gewürze und köstlichen Speisen aus der hiesigen Küche wahr. An den Stufen des alten Maju-Dega-Tempels befindet sich der Gemüsemarkt. Die Fülle der hier angebotenen Nahrungsmittel ist unglaublich. Neben den vielen heimischen, für uns exotischen Früchten und den verschiedensten Gemüsesorten liegen getrocknete Fische, Insekten und allerlei Unidentifizierbares. Dazwischen finden sich immer wieder die typischen orangefarbenen Blumengirlanden, die als traditionelle Opfergaben auch auf vielen Altären platziert werden.

Oben: Enge Gassen durchziehen die Altstadt Kathmandus wie ein großes Labyrinth. In einer kleinen Seitenstraße stieß ich auf diese alten Hauseingänge. Als das Mädchen daran vorbeilief, entstand sofort ein gänzlich anderes Motiv, das durch seine besondere Farbkombination hervorsticht. Auf solche Momente warte ich als Fotograf.

Rechts: Ein Händler betreibt seinen Stand mit handgeflochtenen Korbwaren. Auf den Straßen der Hauptstadt findet man alles, was man zum täglichen Leben braucht. Man muss nur in den richtigen Winkeln suchen. Dieser eigenständige Handel kann neben dem herkömmlichen Geschäften bestehen.

Seiten 28/29: Im alten Stadtkern reihen sich Tausende bunte Lädchen aneinander. Diese Frau sitzt vor ihrem kleinen Geschäft und frisches Obst und Gemüse bilden ein farbenfrohes Durcheinander, wie es sich auch im hier typischen Straßenbild widerspiegelt.

for those who
to
see them.

Rechts: Mein erster Pass in verschneiten 4000 Metern Höhe. Anstrengung und Sauerstoffmangel zehren an den körperliche Kräften. Vor mir ragen die bedrohlichen Gipfel des Khatung-Kang-Massives (6484 Meter) durch die Wolken. Das ist nur der Anfang!

Seiten 32/33: Die Gebirgswelt Mustangs erscheint vor allem durch ihre mannigfaltigen Schluchten reizvoll. Bizarre Felswände voller Höhlen sind ein bekanntes Merkmal der Region. Nach jedem Pass stoße ich auf neue Überraschungen, die an vergangene Zeiten erinnern und mich mich in nächtliche Traumwelten begleiten.

DER HIMALAJA

Mein Tor zu Tibet

DIE HIMALAJA-GEBIRGSKETTE bildet zwischen dem indischen Subkontinent im Süden und dem tibetischen Hochland im Norden die höchste Bergregion der Welt. Die Auffaltung des Himalajas durch das Ineinanderschieben der indischen und der eurasischen Kontinentalplatte dauert bis heute an und macht den Gebirgszug zu einem der jüngsten unserer Erde. Zusammen mit dem benachbarten Karakorum-Gebirge ist er die Heimat unzähliger Felsgiganten jenseits der Sechstausender-Marke. Mythen und Legenden ranken sich um die sagenhaften Riesen, von denen die meisten auch im Buddhismus verehrt werden. Die heiligsten von ihnen sind der Mount Everest und der Kailash, die ich beide auf meiner Route durch Tibet porträtieren möchte. Doch zunächst führt mich die Expedition in das nicht weniger berühmte Annapurna-Massiv. Auf meiner ersten Etappe, die gleichzeitig Teil der Höhenakklimatisation ist, folge ich einer alten Route Heinrich Harrers durch die Bergwelt Nepals.

Von Kathmandu brechen wir auf in Richtung Pokhara. Die Stadt liegt im gleichnamigen Tal am See Phewa. Die regengeschwängerte Luft ist erdrückend, präsentiert uns aber den See in einer atemberaubenden Lichtstimmung. Wie ein Aquarell liegt das Gewässer mit den zum Horizont verschwimmenden Bergketten vor uns. Während der Monsun-Sommermonate ist das Klima heiß und die Tage von heftigen Niederschlägen begleitet. Ich muss mich beeilen, denn auch schon jetzt im Mai kündigen sich schwere Gewitter am Himmel an. Die Temperatur klettert tagsüber auf bis zu 40 Grad. Der Pfad, der mich zu meinen Bergmotiven bringen soll, führt über etliche in Stein gemeißelte Stufen, die von den hiesigen Bauern als Verbindungswege durch die Gebirgswelt angelegt worden sind. Durch duftende Rhododendronwälder entlang eines reißenden Gebirgsflusses geht es tagelang durch die Berge. Wir passieren winzige Ortschaften und lernen freundliche Bauern kennen, bei denen wir die Nächte verbringen dürfen. Wir schlafen in Ställen zwischen dem Vieh oder in einfachen Hütten. Die Menschen hier sind trotz des Wenigen, das sie haben, immer bereit, es mit uns zu teilen.

Das Leben ist hart und von unvorhersehbaren Wetterphänomenen geprägt. Erdrutsche und Steinschläge haben überall deutliche Spuren hinterlassen und werden uns im weiteren Verlauf unserer Reise häufig begegnen. In höheren Lagen sind wir von grünen, terrassenartigen Feldern und hohen Bergen umgeben. Wir folgen noch immer dem kleinen Flusslauf, der uns zum Machapuchare bringen soll. Der bis dato noch unbestiegene Berg ist hierzulande auch besser unter dem Namen Mount Fishtail bekannt. Seine zwei fast senkrecht in den Himmel ragenden Gipfel gaben ihm den passenden Namen. Nach einigen weiteren Tagen entlang des Flusses ragt seine Spitze endlich vor uns aus der dichten Wolkendecke: ein wunderschöner Anblick. Die Route führt uns weiter hinauf in die felsigeren Regionen und die Luft wird langsam kühler. Immer weiter geht es nach oben in Richtung Baumgrenze. Vor uns liegt nun die karge Bergregion des Annapurna-Gebietes. Der leichte Regen geht langsam über in Schnee, denn die Temperatur hält sich mittlerweile nur noch knapp über dem Gefrierpunkt.

Schwierige Zeiten lassen uns Entschlossenheit und innere Stärke entwickeln.

DALAI LAMA

Morgens gegen 6:00 Uhr verlassen wir die letzte, uns Schutz bietende Unterkunft und machen uns im leichten Schneetreiben auf in eisige Höhen. Mein Ziel ist es, einen alten geschlossenen Grenzübergang bei Mustang zu finden. Lediglich die Ausdrucke der von mir vorab recherchierten Google-Earth-Bilder helfen uns ein wenig, uns in dem unwegsamen Terrain zurechtzufinden. Wenn wir uns hinsichtlich der Richtung unsicher sind, fragen wir die Einheimischen.

Wind und anhaltender Schneefall machen uns schwer zu schaffen. Bepackt mit zwei Rucksäcken, einen mit der Kameraausrüstung vor der Brust und einem mit dem Proviant auf dem Rücken, geht es immer weiter hinauf. Meter für Meter kämpfen wir uns in die Höhe, die man bei dieser körperlichen Belastung besonders deutlich spürt.

Kurz bevor mein Höhenmesser die 4000-Meter-Marke anzeigt, klart hinter mir der Himmel auf und das beeindruckende Annapurna-Massiv zeigt sich in seiner ganzen Dramatik. Der auch als Weißer Berg bezeichnete Dhaulagiri, 8167 Meter hoch, steht in all seiner Pracht vor mir und entlohnt mich aller Mühen. Der Achttausender wird von Bergsteigern aufgrund seiner topografischen Gegebenheiten als sehr gefährlich eingestuft, denn plötzlich auftretende lokale Unwetter mit heftigem Schneefall sind keine Seltenheit.

Wir verbringen die Nacht in unseren Zelten, um unseren Körpern ein wenig Zeit zu geben, sich an die eisige Höhe zu gewöhnen, bevor es zurückgeht nach Kathmandu. Von dort aus führt uns die Akklimatisierungsphase ein paar Tage später endgültig an die Grenze zu Tibet.

Nach einer ausgiebigen Leibesvisite und Gepäckkontrolle treffen wir auf unseren angeheuerten Fahrer auf der anderen Seite. Mit einem robusten Allrad-Jeep geht es weiter, doch zuvor wird noch einmal die komplette Ausrüstung kontrolliert. Alles, was jetzt noch zu besorgen wäre, müssten wir in der Hauptstadt Tibets, in Lhasa, kaufen. Aber zunächst führt uns der Weg in noch höhere Lagen, denn mein Ziel sind die verschneiten Gipfel am See Dara Tso auf 4360 Metern unweit des Grenzgebietes. Der Winter dauerte viel zu lang und war deutlich heftiger als je zuvor. Eis und Schnee machen uns schwer zu schaffen. Dieser Anstieg wird uns für immer in schmerzhafter Erinnerung bleiben. Doch der Ausblick auf die vor uns liegenden, schneebedeckten Berggiganten erfüllt uns mit Stolz und Erfurcht zugleich.

Hier oben muss sich der Körper erneut an die Grenze des Erträglichen anpassen. Wir werden noch viel höher gehen. Leichte Kopfschmerzen habe ich bereits seit einigen Tagen. Sie sind die ersten Anzeichen der Höhenkrankheit, die uns jedes Mal wieder eine Zwangspause bescheren. Doch Sicherheit und eine gute Vorsorge haben nun oberste Priorität. Ich muss meinem Körper die Chance geben, sich an die neue Belastung anzupassen, sonst würde dies spätestens in ein paar Tagen das mögliche Ende der Expedition bedeuten. Trinken, trinken, trinken: Täglich bis zu sechs Liter Wasser. Und so dauern die Pausen, die wir einlegen, stets so lange, bis die Kopfschmerzen verschwunden sind. Bei meiner Ungeduld kein leichtes Unterfangen, aber ein unbedingtes Muss.

Oben: Wenn zwischen den Bergen vor dem Achttausender Dhaulagiri die Sonne aufgeht, entsteht eine ganz besondere Lichtstimmung. Den kleinen verlassenen Tempel fand ich auf meinem Weg zurück nach Jomsom. Die mystische Stimmung hat mich nicht mehr losgelassen.

Einzig die Aussicht, mein Ziel bald erreicht zu haben, gibt mir die nötige Kraft und Geduld. Denn das sagenumwobene Dach der Welt liegt zum Greifen nahe.

Über den China-Nepal-Highway geht es mit unserem Allrad-Jeep weiter in Richtung Lhasa. Die in den 1960er Jahren begonnene Straßenverbindung zwischen Kathmandu und der Hauptstadt Tibets gilt bis heute durch ihre plötzlichen Steinschläge als eine der gefährlichsten Straßen weltweit. Sie führt uns vorbei an fast senkrechten Steilhängen, die auf der einen, ungesicherten Seite Hunderte Meter ins Tal stürzen, während sie zur anderen mehrere Tausend Meter zu den wolkenverhangenen Gipfeln des Himalaja hinaufragen. Angsteinflößende Geschichten unseres Fahrers vermischen sich mit der Realität. Passagen, auf denen die Straße kurzerhand von herabstürzenden Felsen förmlich weggerissen worden ist, lassen uns mulmig zumute werden. Zertrümmerte Schutzbarrieren aus Stahl, die einst mit massiven Netzen verbunden waren, machen deutlich, welche Gefahr jederzeit von oben droht. Wie ein empfindliches Spinnennetz, das an unzähligen Stellen durchlöchert wurde.

Nach stundenlanger Fahrt durch schwindelerregende Gebirgsmassive erreichen wir den vereisten Pass Lalung-La auf 5130 Metern Höhe. Der Boden ist mit durch den Wind zerrissenen Eisspitzen übersät. Tausende ursprünglich im Wind flatternde Gebetsfahnen sind in der Kälte erstarrt. Wir genießen die spektakuläre Aussicht auf die beiden Bergmassive des Shishapangma (8021 Meter) und des Cho Oyu (8188 Meter) in unmittelbarer Nähe. Eiskalt vor dem klaren Blau des Himmels ragen die Giganten vor uns auf. Spätestens hier wird einem bewusst, in welcher fast schon lebensfeindlichen Umgebung man sich befindet.

Während sich unser Team auf eine traditionelle Passüberquerungszeremonie vorbereitet, packe ich meine Kamera aus. Das Bild der vor mir liegenden Achttausender ist einfach atemberaubend.

Mit kleinen bunten Gebetspapierchen in den Händen überfahren wir die Markierung auf dem Boden und werfen sie freudig über unseren Köpfen in den Wind. „Soh, Soh, Soh, lha gyelo ...“, murmeln wir. Eine alte Tradition, mit der man die Götter darum bittet, die vor einem liegende Reise zu segnen.

Die Straße, die ironischerweise auch Friendship Highway genannt wird, führt nun durch die beeindruckende Bergwelt in tiefer gelegene Gebiete. In einer Tagesfahrt erreichen wir die Hauptstadt Tibets, die auf einer Höhe von 3650 Metern liegt und in der ein gemäßigteres Klima herrscht. Aber auch hier wird es nachts bitterkalt. Im Sommer kann es zwar tagsüber bei angenehmen 15 Grad recht warm werden, doch die meiste Zeit des Jahres ist es dennoch verhältnismäßig kühl.

Lhasa ist eines der wichtigsten Ziele meiner Reise und als ehemaliger Sitz des Dalai Lamas einer der bedeutendsten Orte Tibets. Hier treffen die zwei Kulturen, die der Tibeter und die der Chinesen, am deutlichsten aufeinander. Ich bin unruhig bei dem Gedanken, was mich dort erwartet, denn ich weiß, dass dieser Gegensatz nicht auf natürlichem Wege das Gesicht der Stadt der Götter verändert hat.

Oben: Auf kleinen, terrassenförmigen Berghängen verrichten diese nepalesischen Frauen mit einfachem Werkzeug die harte Feldarbeit. Das Relief der Umgebung ist sehr steil und bietet keinen Platz für große Felder.

Rechts: Eine Schlaufe vor der Stirn fixiert die schwere Last auf dem Rücken der Trägerin. Die Augen sind auf den Boden gerichtet. In gebückter Haltung trägt die Frau ein großes Bündel von zusammengeschnürtem Zuckerrohr.

Seiten 38/39: Der Phewa präsentiert sich uns bei der Ankunft in Pokhara von seiner schönsten Seite. Malerisch liegen die alten Fischerboote am Ufer des Sees. Von hier aus geht unserer Reise mit schwerem Gepäck zu Fuß in die Bergwelt Nepals.

BHUWAN
B.G.NO.22

Oben: Die gewaltigen Eisflanken des Machapuchare (6997 Meter) ragen fast senkrecht in den Himmel. Seine einem Fischschwanz ähnelnde Spitze gab ihm den Beinamen Mount Fishtail. Die Flanken dieses Giganten sind steiler als das Matterhorn und wurden bis heute nie erklommen.

Oben: Während der immer extremer werdenden Akklimatisation leidet der Körper unter starker Hypoxie. Dabei handelt es sich um eine Mangelversorgung des Gewebes mit Sauerstoff. Erschöpft erreichen wir eine weitere Etappe am zugefrorenen See Dara Tso auf 4360 Metern Höhe im Grenzgebiet zwischen Nepal und Tibet.

Seiten 42/43: Der Pass Lhalung-La in Tibet auf 5130 Metern Höhe. Unzählige bunte, mit Mantras bedruckte Fahnen wiegen sich im Wind. Sie sind Teil traditioneller buddhistischer Gebete und ein typisches Merkmal, mit dem Tibet oft in Verbindung gebracht wird. Durch sie werden die Gebete der Gläubigen hinaus in die Welt getragen.

དབུས་གཙང་
ZENTRALTIBET

Seiten 44/45: Saga Dawa ist das wohl bedeutendste Fest im tibetischen Mondkalender. Das nach dem tibetischen Kalender am 15. Tag des 4. Monats beginnende Vollmondfest zieht alljährlich Tausende Tibeter zu ihren heiligen Plätzen. An diesem besonderen Tag huldigen die Menschen im ganzen Land den drei wichtigsten Ereignissen im Leben Buddhas: seine Geburt, seine Erleuchtung und sein Eintritt ins Nirwana.

6000 m 5200 m 3600 m 0 m

ZENTRAL-TIBET

Endlose Weiten und heilige Stätten

Hoch oben, zwischen den höchsten Bergen der Welt, abgeschieden wie kein zweites Land auf der Erde, liegt Tibet. Mit durchschnittlichen Höhen zwischen 3500 und 5200 Metern wird das Land nicht ohne Grund als „Dach der Welt“ bezeichnet. Es erstreckt sich über eine Fläche von 2,5 Millionen Quadratkilometern und ist in etwa so groß wie Europa. Aufgrund seiner weiten Ausdehnung und der extremen Höhenunterschiede findet man in Tibet die unterschiedlichsten Vegetationsformen. Subtropische Gebiete im Südosten ermöglichen eine ertragreiche Landwirtschaft, während die großen Steppengebiete, die weit über der Baumgrenze im nördlichen und nordwestlichen Teil liegen, nur eine äußerst genügsame Lebensweise erlauben. Hier oben finden sich die Oberläufe der größten Flüsse Asiens: der Yarlung Tsangpo, der später zum Brahmaputra wird, der Yangtse, der Indus und der Mekong, die sich von hier ihren Weg durch das Himalaja-Gebirge bahnen. Karge, schier endlose Weiten prägen Tibets Charakter ebenso wie die ewig schneebedeckten Achttausender.

Gleich zu Beginn meiner Reise treffe ich auf einige der wichtigsten kulturellen Zeugnisse der tibetischen Geschichte. Beeindruckende Klosteranlagen erzählen dem Besucher von vergangenen Tagen, in denen es einst Tausende Mönche gab, die die Lehren des Buddhismus verbreiteten.

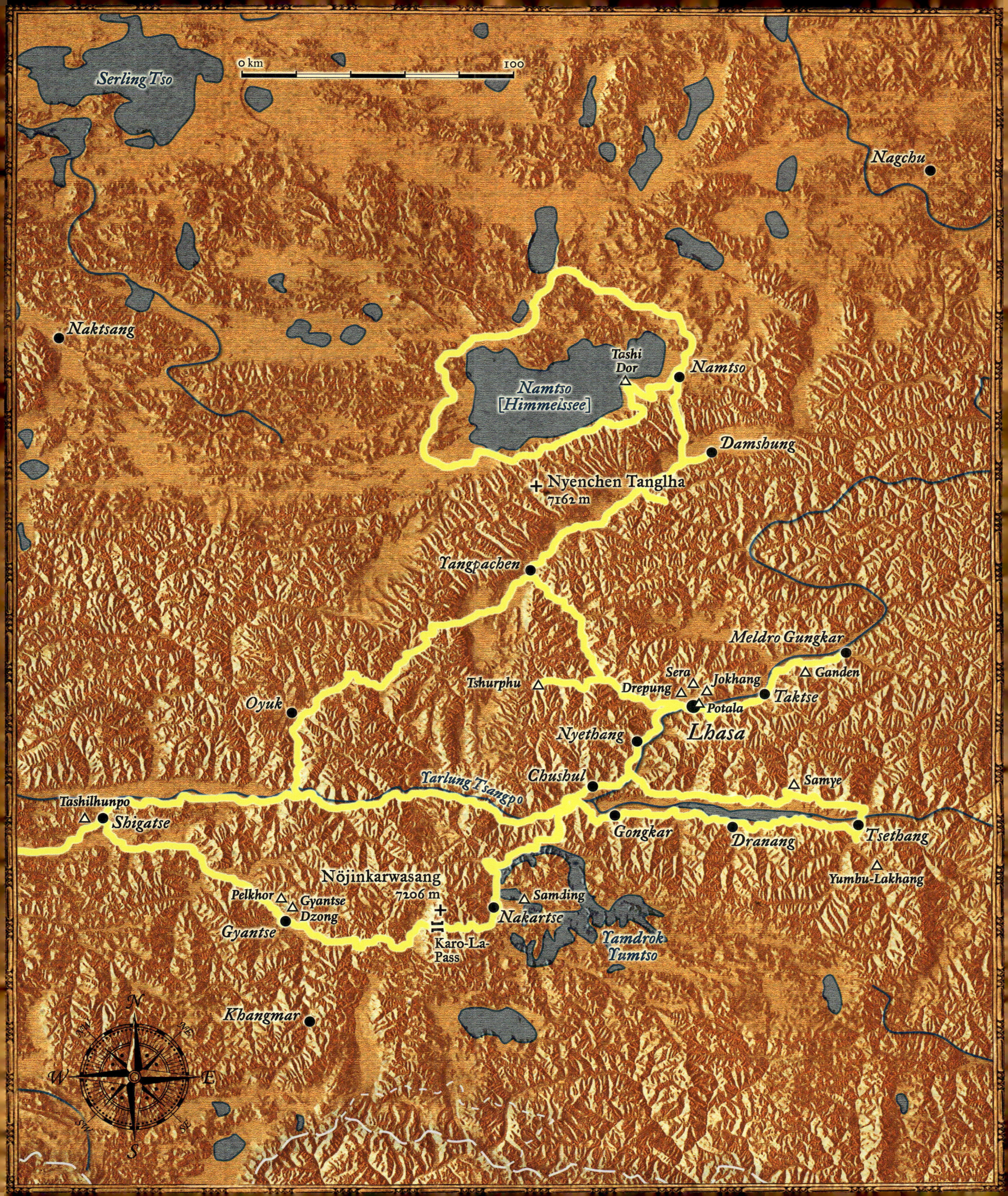

Serling Tso
0 km
100
Nagchu
Naktsang
Tashi Dor
Namtso
Namtso [Himmelssee]
Damshung
Nyenchen Tanglha 7162 m
Tangpachen
Meldro Gungkar
Sera
Jokhang
Ganden
Tshurphu
Drepung
Potala
Taktse
Oyuk
Lhasa
Nyethang
Chushul
Yarlung Tsangpo
Samye
Tashilhunpo
Shigatse
Gongkar
Dranang
Tsethang
Yumbu-Lakhang
Nöjinkarwasang 7206 m
Pelkhor
Gyantse Dzong
Gyantse
Samding
Nakartse
Karo-La-Pass
Yamdrok Yumtso
Khangmar
N
W
E
S

Rechts: Kurz vor Sonnenuntergang begeben sich noch unzählige Tibeter auf die *kora* um den heiligsten aller Tempel in Tibet, den Jokhang-Tempel. Lediglich geschützt durch einfache Lederschürzen, Handschuhe und Fellreste über den Knien, legen viele von ihnen die Strecke durch Niederwerfungen zurück.

Seiten 50/51: Seine Dimensionen sind gewaltig: Mit 350 Metern Länge und 999 Zimmern, in denen sich unzählige Gebets- und Meditationsräume befinden, ist der Potala-Palast eines der großartigsten Bauwerke, die ich gesehen habe. Mitten in den Bergen Tibets gelegen, thront er mit seinen goldenen Spitzen über der einst verbotenen Stadt.

STADT DER GÖTTER

Spirituelles Zentrum auf dem Dach der Welt

Lhasa – im Laufe der Zeit trug die Hauptstadt Tibets viele Beinamen, die viel von ihrem bewegenden Schicksal erzählen. „Stadt der Götter“ oder „Verbotene Stadt“ sind nur zwei dieser Bezeichnungen. Mythos, Geschichte und tragische Umstände verbinden sich in ihr wie in keiner anderen Stadt Tibets. Hier beginnt also die Erfüllung meines Versprechens und ich tauche ein in die Welt der Tibeter. Eine Welt, von der ich hoffe, dass sie sich mir ein wenig erschließen wird im Laufe der rund 100 Tage, die ich im Land verbringen werde.

Auf den heiligen Rundwegen um die Tempel der Stadt begleitet mich das stetige Surren der sich unaufhörlich drehenden Gebetsmühlen, die von den Gläubigen permanent in Bewegung gehalten werden, um gutes Karma anzusammeln. „Om mani padme hum“, erklingt es leise und aus tiefstem Herzen, „Om mani padme hum“, immer wieder. Es ist eines der ältesten und wichtigsten Mantras und wird unzählige Male wiederholt. Seine ungefähre Übersetzung würde lauten: „Oh, du Juwel in der Lotusblüte“.

Pilger kommen von weit her nach Lhasa, um die bedeutende *kora* um den Jokhang-Tempel zu laufen. Es heißt, jeder gläubige Tibeter versuche, mindestens einmal in seinem Leben zum Jokhang-Tempel zu reisen. Die Mühen, die einige von ihnen dabei auf sich nehmen, sind schier unvorstellbar. Hunderte von Kilometern werden in Form von Niederwerfungen zurückgelegt, um einmal zum heiligsten aller Tempel zu gelangen. Die *kora* um den Jokhang führt vorbei an zahllosen Butterlampen und den sich ewig drehenden Gebetsmühlen und endet wieder vor dem Haupttor der heiligen Hallen des Tempels. An diesem Platz finden sich Tag für Tag unzählige Pilger ein, um ihre Verbundenheit mit dem Buddhismus durch Niederwerfung zu bekunden. Die Hingabe, mit der sich die Tibeter ihrem Glauben widmen, ist überwältigend. Die Umrundungswege, die sogenannten *koras*, sind sowohl tagsüber als auch in der Nacht gesäumt von Pilgern, die leise murmelnd ihre Gebetsmühlen schwingen. Ob alt oder jung, arm oder reich: Sie alle sind verbunden in ihrem Glauben auf den teilweise jahrhundertealten Wegen.

Einer dieser Wege ist der uralte Pfad, der die Pilger einst in die Stadt und direkt vor den Potala-Palast führte. Heute liegt eine mehrspurige Straße darüber, die es den vielen chinesischen Besuchern leichter machen soll. Doch die Tibeter lassen sich davon nicht beirren. Sie folgen immer noch dem alten Pfad und pilgern zwischen vorbeifahrenden Autos mitten auf der Straße zu ihrem Ziel.

Auch ich folge nun einer Gruppe Tibeter auf der *kora*. Bei der Niederwerfung bemessen die Pilger den Weg in Körperlängen. Sie falten ihre Hände zum Gebet und führen sie von der Brust zum Gesicht und anschließend an die Stirn. Danach knien die Gläubigen sich zu Boden und legen sich der Länge nach hin, wobei die Stirn die Erde berührt. Mit ausgestreckten Armen wird ein kleiner Markierungsgegenstand abgelegt, der die Position für die nächste Niederwerfung festlegt. Niederwerfungen sind im Buddhismus eine gängige Form der Demutsbekundung und helfen den Gläubigen auf ihrem Weg zur Erleuchtung. Dabei schützen sie sich lediglich mit Lederschürzen, Handschuhen und Fellresten an den Knien.

Spiritualität bedeutet, dass wir zu einem Menschen werden, dem das Wohl der anderen am Herzen liegt.

Dalai Lama

Links und rechts von mir demonstriert die Polizei ihre Omnipräsenz im steten Bemühen um Sicherheit und Ordnung. Es gibt in Lhasa keinen öffentlichen Platz mehr, an dem man nicht von etlichen Kameras observiert wird. Über 90 Prozent der Bevölkerung sind Chinesen. Überall trifft man auf Soldaten, die schwer bewaffnet versuchen, tibetische Aufstände zu verhindern. In den letzten fünf Jahren haben sich mehr als 130 Tibeter verbrannt und auf diese Weise ihr Leben gegeben, um die Aufmerksamkeit der Welt auf die Tragödie ihres Landes zu lenken.

Mein Weg führt mich weiter durch künstlich angelegte, für Touristen hübsch beleuchtete, Grünanlagen. Fotos sind an den meisten Plätzen verboten, und so kann ich nur heimlich ein paar wenige Aufnahmen machen. Der Gegensatz zwischen uralter Tradition, Kommerz und dem allgegenwärtigen chinesischen Einfluss ist irgendwie verstörend. Aus Lautsprechern tönen chinesische Volkslieder, während neben mir ein alter Mann leise die traditionellen tibetischen Mantras murmelt. Diese Situation erfasst mich mit einer unerwarteten Traurigkeit, denn es scheint, als hätten Tradition und Glaube der Tibeter keinen Platz in der lauten, lärmenden chinesischen Welt.

Es sind nicht nur die großen Städte mit ihren kulturellen Schätzen, die mich in diesen Teil des Landes geführt haben. Eine Tagesreise entfernt liegen viele der berühmten Klöster, die ebenfalls ein wichtiges Erbe Tibets bewahren. Viele von ihnen wurden im Laufe der Kulturrevolution zerstört und geplündert, sind für immer verloren, doch mittlerweile hat man begonnen, einige von ihnen wieder zu restaurieren. Ich jedoch bin vordergründig nicht auf der Suche nach alten Reliquien, sondern auf der Suche nach den kleinen Dingen, die den Charakter dieses Landes und seiner Menschen ausmachen.

Eines meiner ersten Ziele außerhalb Lhasas ist das Kloster Drepung. Vor der Erbauung des Potala-Palastes diente es dem Dalai Lama als Sitz und beherbergte mehrere Tausend Mönche. Heute sind es nur noch ein paar Dutzend. An unzähligen Stellen der gewaltigen Anlage wird renoviert und gebaut. Alles wird für chinesische Touristen hergerichtet und mit einheitlichen Laufrichtungspfeilen in chinesischer Schrift markiert. In einer der Haupthallen fällt mir ein scheinbar endloses Regal auf, das sich durch hölzerne Stelzen von der einen Wand bis unter die Decke zur anderen Wand hin erstreckt. Ich sehe zwei Pilger, die in gebückter Haltung darunter umherlaufen und dabei ein Mantra vor sich hin murmeln. Hier liegt die berühmte eingerollte *thangka* von Drepung. Ein mit bunter Farbe bemalter Stoff, auf dem das Antlitz Buddhas zu sehen ist. Sie ist so groß, dass sie nur von zahlreichen Mönchen gleichzeitig getragen und ausgerollt werden kann. Während des einst wichtigen Shotön-Fests wurde dieser Koloss aus den heiligen Hallen geholt und mit Hunderten Menschen gefeiert. Es erhielt den Beinamen „Joghurt-Fest", da es zum Ende der Fastenzeit in der Gegend um Lhasa gefeiert wurde. Die Mönche durften während des Fastens ihre Klöster nicht verlassen und lebten unter anderem von Spenden, die oft in Form von Joghurt dargebracht wurden. Im Laufe der Jahrhunderte wurde das Shotön-Fest durch Tänze, Opern und Märkte erweitert.

Oben: In der einen Hand eine mit flüssiger Butter gefüllte Kanne, die dem Kloster gespendet wird, und in der anderen die Gebetsmühle. Ein junger Tibeter in traditioneller Kleidung auf seinem Weg vorbei an den vielen knarzenden Mühlen im goldenen Licht der Morgensonne.

Ein weiteres Ziel im Umland von Lhasa, auf das ich mich sehr freue, ist das Kloster Sera. Die etwa fünf Kilometer entfernte Anlage liegt im Nordosten der Stadt am Hang eines der vorgelagerten Berge. Selbst von hier aus kann man den riesigen Potala in der Ferne noch gut ausmachen. Das alte Kloster Sera ist unter anderem bekannt dafür, dass noch heute die Tradition der berühmten Mönchsdebatten gepflegt wird. Die Teilnehmer treffen sich auf einem Versammlungsplatz und bilden kleine Diskussionsgruppen. Es geht lautstark zur Sache. In einem verbalen Schlagabtausch klatscht der jeweils stehende Mönch vor einem oder mehreren sitzenden Diskussionspartnern in die Hand und ruft seine Frage oder Behauptung in die Runde. Diese muss nun auf gleiche Weise von den übrigen Gruppenmitgliedern beantwortet, bestätigt oder widerlegt werden. Auf diese Art machen sich die Mönche mit den Aussagen und Lehren des Buddhismus vertraut. Sie lernen sowohl die Grundlagen ihrer Religion, als auch eigenständiges Schlussfolgern und Herleiten wichtiger Erkenntnisse. Das erlernte Wissen und die Erfahrung soll ihnen auf dem Weg zur Erleuchtung helfen.

Meine Tage in Lhasa führen mir letztlich eines vor Augen: Gerade in Gegenden, wo Einnahmen durch Tourismus locken, wird viel gebaut und saniert. Die betroffenen Tibeter sind bemüht, die Auswirkungen dessen zu ignorieren, und bleiben ihren Ritualen im Alltag so gut es geht treu. Diese Tatsache verdient höchsten Respekt. Mit diesem Gedanken endet ein weiterer Tag, und langsam geht auch meine Zeit in der tibetischen Hauptstadt zu Ende.

In den nächsten Wochen wird mich mein Weg weiterführen, hinaus aus der dicht besiedelten Region um Tibets Hauptstadt. Abseits des Trubels hoffe ich auf weitere interessante Erfahrungen. Es ist die Zeit des Saga-Dawa-Fests, die heiligsten Tage im tibetischen Mondkalender. Die drei wichtigsten Ereignisse im Leben des Buddha stehen dabei im Zentrum der Feierlichkeiten: seine Geburt, die Erleuchtung und der Eintritt ins Nirwana, in dem der Zustand völliger Ruhe erlangt wird. Ich möchte unbedingt diese seltene Gelegenheit nutzen, einmal das Saga-Dawa-Fest zu erleben.

Erst spät in der Nacht erreichen wir das Kloster Tshurphu weit oben in den Bergen. Die Menschen begegnen uns mit Argwohn und ich fühle mich zum ersten Mal wie ein Fremder. Doch zu meinem Glück werde ich bereits beobachtet. Ein Mönch bietet Tenzing und mir später die Möglichkeit, uns bei sich aufzunehmen. Vielleicht wollte er mehr von der Welt erfahren, vielleicht aber auch über seine berichten. Ein unglaublich riskantes Angebot. Für beide Seiten. Denn es ist verboten, als Tourist bei den Mönchen zu übernachten, da man sich so der Überwachung durch die chinesischen Soldaten entzieht. Ich gehe das Risiko ohne zu zögern ein.

In den folgenden drei Tagen versteckt er mich in seiner höhlenartigen Behausung und erzählt von seinem Leben und den Gebräuchen der hier verbliebenen Mönche. Eine unglaubliche Erfahrung. In der Vollmondnacht, die den Beginn des Saga-Dawa-Festes einläutet, bereiten wir uns gemeinsam auf die Zeremonien für die wichtigste Feier des tibetischen Buddhismus vor.

Oben: Butterlampen erhellen das Innere der Klöster und tauchen es in ein mystisches Licht. Gläubige Tibeter spenden die von der Yakkuh stammende Butter meist schon in geschmolzener Form. Der süß-ranzige Geruch hängt schwer in der Luft und erwartet mich in jedem Tempel.

Rechts: Sorgfältig zusammengerollt liegen die Kutten und Decken der Mönche auf ihren Gebetsplätzen. Kurz bevor sich die große Halle mit Mönchen füllt, nehme ich meinen Platz ein, um die Zeremonie unauffällig begleiten zu können.

Seiten 56/57: Der Blick vom Dach des Jokhang-Tempels in den Vorhof. Ihn umschließt ein Labyrinth aus Gassen und altertümlichen Häusern. Die Klosteranlage in Lhasa ist das bedeutendste Heiligtum, zu dem man mindestens einmal im Leben gepilgert sein sollte.

NO SMOKING

Oben: Ich folge einer Nonne zu ihrer Höhle unweit des Klosters Drepung. Sie lebt schon seit vielen Jahren in dem Gestein und präsentiert mir stolz ihre kleine, von Hand ausgehöhlte Behausung voller liebevoll errichteter Gebetsaltäre. Im Hintergrund sieht man Darstellungen buddhistischer Götter, die in bunten Farben auf den großen Felsen gemalt wurden.

Oben: Vor der großen Versammlungshalle des Klosters Drepung blickt der alte Mönch demütig zu Boden. Das Staatskloster Drepung gehörte einst zu den drei größten Anlagen in Tibet. Es wurde im Jahr 1416 von einem Schüler des Tsongkhapas, dem Gründer des Gelug-Ordens, erbaut. Zur damaligen Zeit lebten etwa 10 000 Mönche dort, heute sind nur noch wenige übrig geblieben.

Seiten 60/61: Die traditionelle, festliche Kleidung der Frauen besteht aus einer langärmeligen *chuba,* über die sie eine farbenfrohe Schürze binden. Sowohl Männer als auch Frauen lieben den handgearbeiteten Schmuck, der hauptsächlich aus Türkisen, Korallen und Knochen besteht. Die Haare sind meist mit bunten Bändern versehen und um den Kopf gewickelt. Den landestypischen Hut tragen oft beide Geschlechter.

Oben: Schon von Weitem erkennt man die in der Mittagssonne in kräftigem Rot leuchtenden Klostergebäude. Ganden liegt auf 4200 Metern Höhe knapp unterhalb des Gipfels des Drog Riboche. Die im Jahre 1409 gegründete Anlage galt als eines der religiösen Zentren der „Schule der Tugendhaften“. Heute leben von den ehemals 7500 Mönchen nur noch weniger als 50 dort.

Oben: In dem abgelegenen Kloster Tshurphu weit oben in den Bergen gewährt mir ein ranghoher Mönch Obhut. Es ist die Zeit des Saga-Dawa-Festes, das zu den wichtigsten Feierlichkeiten in Tibet gehört. Während ich im Kloster auf den Beginn der Festtage warte, gestattet man mir, den heiligen Zeremonien und Meditationen der Mönche beizuwohnen, die stets vom tiefen, mystischen Klang der großen Jhangri-Trommeln begleitet werden.

Seiten 64/65: Im Kloster Sera darf ich einer der berühmten Mönchsdebatten im Vorhof einer Versammlungshalle beiwohnen. Dabei handelt es sich um einen temperamentvollen Schlagabtausch, der in mehreren kleinen Gruppen stattfindet und die Lehren des Buddhismus zum Thema hat. Der Wortführer springt vor seinen sitzenden Mitstreitern auf und nieder und motiviert sie so zu Diskussionsbeiträgen.

Oben: Die jungen Novizen des Klosters werden bis zu ihrem 20. Geburtstag ausgebildet. Die Mönchsgelübde werden ihnen erst danach abgenommen, falls sie sich für ein Leben im Kloster entscheiden. Bis dahin verbringen sie die Zeit mit den Lehren Buddhas und erlernen die heiligen Gebräuche. In der Regel werden die Novizen im Alter von zehn Jahren aufgenommen.

Rechts: Tibeter bringen ihre Gebetsfahnen an jedem erdenklichen Ort an, um ihre guten Wünsche und Hoffnungen in die Welt zu tragen. In farbenfrohen Bändern überspannen sie Schluchten, Felsmassive und Gebäude. In den Bergen nahe dem Kloster Tshurphu waren es auf einmal so viele, dass ich mir vorkam wie unter einem bunten Himmel.

Seiten 68/69: Alljährlich zum Saga-Dawa-Fest wird die heilige Fahnenstange aufgestellt. Menschen aus allen Teilen Tibets kommen, um ihre Opfergaben am großen Mast darzubringen. Nur wenn die Fahnenstange exakt senkrecht in den Himmel ragt, wird die Zukunft Gutes verheißen. Der ranghöchste Lama des Klosters Tshurphu leitet die gesamte Zeremonie, begleitet von den magischen Klängen der Muschelhörner und Trompeten.

Rechts: Umgeben von den Geräuschen unberührter Natur, warte ich auf den Sonnenuntergang am Namtso. Der See, der von den Tibetern Himmelssee genannt wird, hat eine große Bedeutung für sie. Jedes Jahr machen sich zahlreiche Gläubige auf den Weg, um die berühmte Pilgerroute um das Gewässer zu gehen.

Seiten 74/75: Ein weißes Yak am Ufer des Namtso vor der malerischen Bergkulisse des Nyenchen Tanglha. Die helle Wolle und das weiße Fell der Tiere sind sehr wertvoll. Daher werden sie von den Nomaden im Gegensatz zu ihren meist schwarzen Artgenossen privilegiert behandelt.

DER HIMMELSSEE

Zu Gast bei den Nomaden des tibetischen Hochlands

Bevor meine Reise mich weiter in den Süden Tibets führt, möchte ich das Leben der Nomaden am Himmelssee kennenlernen. Nach den Feierlichkeiten zum Saga-Dawa-Fest verlassen wir die Region um Lhasa und fahren weiter in Richtung Norden. Im Schneetreiben auf 5150 Metern Höhe erreichen wir den Lhachen-Pass und blicken von hier oben auf die endlosen Weiten des Transhimalaja-Gürtels, aus dem uns das tiefe Blau des Namtso entgegenstrahlt.

Die aufgehende Sonne spiegelt sich auf der glatten Oberfläche des Himmelssees und taucht das dahinter gelegene Bergmassiv des Nyenchen Tanglha in goldenes Licht. Moosig grüne Weidelandschaft wechselt sich ab mit rotem, kargem Steppenboden. In der Ferne sehen wir die ersten Yakherden. Mit einer Gesamtfläche von 1855 Quadratkilometern ist der Namtso der zweitgrößte Salzsee Chinas.

Wir schlagen unser Lager in der Nähe des Klosters Tashi Dor auf, um später von hier aus zu den Nomaden aufzubrechen. Mein Höhenmesser zeigt 4860 Meter an. Wir müssen uns ständig weiter nach oben akklimatisieren. Um die Höhenanpassung zu erleichtern, stehen in den nächsten Tagen einige Bergbesteigungen an. Die quälende Kälte zu überwinden ist für mich die größte Herausforderung. Doch mein Sherpa Tenzing ist unerbittlich, denn er weiß, was ich mit dieser Expedition erreichen will. Und so scheucht er mich in den frühen Morgenstunden auf die nahe gelegenen Berge. Das Herz rast wie wild und jede schnelle Bewegung endet in der Überforderung meiner Lungenkapazität. Für Tenzing ist das alles hier nur ein Spaziergang, da er in dieser Höhe aufgewachsen ist.

Die in Tibet beheimateten Nomaden führen ein Leben unter harten Bedingungen. Sie ziehen mit den Jahreszeiten durchs Land, immer auf der Suche nach Futter für ihre Tiere. Im Sommer lassen sie sich hier am See nieder und schlagen ihre großen, schwarzen, aus Yakhaar gefertigten Zelte auf. Ihre Yak- und Schafherden grasen die saftigen Uferweiden ab.

Unser Jeep bahnt sich den Weg durch unbefestigtes Land. Unser Ziel ist die Region am Westufer des Sees. Abseits der einzigen Verbindungsstraße zum Namtso entdecken wir in einiger Entfernung die dunkle Silhouette eines großen Zeltes. Im Allradgang brauchen wir eine gute Stunde, bis wir auch nur annähernd zu der Behausung kommen. Wir halten weit vor den verstreuten Herdentieren, die überall frei herumlaufen, um sie nicht aufzuscheuchen. Wir packen Rucksäcke, Zelt und Proviant für mindestens vier Tage ein und marschieren los. Nomaden in Tibet werden auch *drokpa* genannt. Auf engstem Raum leben sie oft in polygamen Ehestrukturen mit allen Familienmitgliedern in nur einem Zelt.

Kläffende Herdenhunde begrüßen uns bei der Ankunft. Häufig sind die Tibetdoggen sehr aggressiv, gerade Fremden gegenüber. Eine ältere Frau scheint uns ebenfalls bemerkt zu haben und kommt uns entgegen. *„Tashi Deleg“*, guten Tag, rufen wir ihr zu. Die Frau begrüßt uns freundlich. Ihr stark gebräuntes Gesicht ist von Falten durchzogen und lässt sie älter erscheinen, als sie tatsächlich ist. Ihr Zelt ist aus Yakhaar gewebt und wirkt äußerst stabil. An acht Ecken ist es mit ebenfalls aus Yakhaar geflochtenen Seilen verspannt. Ich wundere

Hass und Krieg bringen niemandem Glück, auch nicht den Gewinnern der Schlachten.

Dalai Lama

mich über die Konstruktion. Seit über einer Woche habe ich bis auf ein paar Bodenflechten, Moos und Weidegras keinen einzigen Baum gesehen. Das Zelt jedoch ist mit einem Dutzend kräftiger Stämme gestützt. Später erklärt mir Tenzing, dass Zelte das Erbe vieler Generationen seien und dass die Hölzer aus weit entfernten Regionen stammen. Meterhoch aufgetürmte Yakmisthaufen befinden sich an der Zeltrückwand. In der Sonne getrocknet und zu handlichen Fladen geformt, dienen sie als natürlicher Brennstoff.

Freundlich werden wir ins Zelt gebeten. Es riecht ein wenig nach Wild und die Luft ist von Rauch durchsetzt. Zwei weitere Frauen sitzen um den Ofen und schauen mich schüchtern an. Die Jüngere stillt gerade ihr Baby, während sich die zweite mit der Zubereitung von Fleisch beschäftigt. Man reicht uns die ersten Tassen Buttertee. Als Geste der Gastfreundschaft wird dem Besucher stets Essen und Trinken angeboten. Tenzing unterhält sich mit den Frauen, während ich diesen einzigartigen Moment genieße. Ich mache ein paar Fotos und zeige den Frauen einige Bilder von meiner eigenen Familie. Sie lachen und fangen an, verlegen ihre Schmuckketten zu drehen. Schnell ist eines der Babyfotos Mittelpunkt allen Interesses und lockert die Situation auf. Tenzing erklärt, dass auch ich eine Frau mit einem kleinen Baby in Deutschland habe. Das Foto von meinem blonden Sohn und meiner ebenso blonden Frau versetzt sie in Erstaunen und sorgt für Gekicher.

Am Boden vor uns befindet sich ein mit Steinen abgegrenzter Kreis für das Feuer. Darüber schwingt ein großer Topf voll brodelndem Wasser, der über eine Eisenkette an einem Dreibein befestigt ist. Der Lichtstrahl, der durch die Zeltdeckenöffnung dringt, erhellt den vom Qualm durchzogenen Mittelteil des Zeltes. Es ist angenehm warm, das Feuer knistert gemütlich. Ich sehe verschiedene Peitschen und Steinschleudern, rechts von mir getrocknetes Hüft- und Oberschenkelfleisch. Getrocknetes Yakfleisch ist eine Delikatesse und wird täglich verzehrt wie Buttertee und Tsampa. Tsampa wird mit einer Flüssigkeit vermengt, meist Tee, damit die geröstete Gerste leichter zu Bällchen geformt werden kann. Ich helfe das Feuer anzufachen und bin beeindruckt von der Brennqualität der Yakfladen. Sie verbreiten keinerlei üblen Geruch und sind unglaublich effizient. Die auflodernde Hitze treibt uns vom Feuer weg und wir nehmen am Zeltrand Platz. Ich sitze auf einem weichen Schaffell und lehne mich gegen die mit Yakhäuten verstärkte Rückwand. Ob wir unser Zelt neben ihrem aufbauen dürften, frage ich. Es wäre mir eine große Ehre, wenn wir ein paar Tage mit ihnen verbringen dürften. Nachdem alle Anwesenden zugestimmt haben, begeben wir uns sogleich nach draußen. Die ältere Frau beobachtet mich gespannt beim Aufbau unseres Zweimannzeltes direkt neben ihrem Heim.

Gegen Mittag reicht man uns das erste Schaffleisch. Die ältere Nomadin demonstriert uns das Abschneiden mit dem scharfen Messer. Das Fleisch ist nicht gekocht und hängt noch mit Huf und Fell am Knochen. Lediglich an der Luft getrocknet, erinnert es an etwas streng riechendes Carpaccio. Als sich der Tag langsam dem Ende zuneigt, versammeln sich nun auch alle männlichen Familienmitglie-

Oben: Auf saftigen Wiesen lassen tibetische Nomaden ihre Yaks und Schafherden weiden. Im Sommer ist der sumpfige Boden vom Schmelzwasser der Nyenchen-Tanglha-Gebirgskette getränkt und bietet so ein reichhaltiges Futterangebot.

der im Zelt. Es werden Schalen und Messer herumgereicht. Eine der älteren Frauen nimmt einen großen Yakschenkel aus der Ecke und bittet mich zu sich. Mit dem alten, aber offensichtlich sehr scharfen Messer schneidet sie große Streifen des Fleisches ab. Anschließend reicht sie mir die Klinge. Vorsichtig führe ich das Messer unter dem Fell entlang. Tenzing erhält ebenfalls ein Stück, verlangt jedoch nach mehr Fett. Erstaunt blicke ich zu den anderen, die sich im Vorfeld schon ein paar große Fettstücke rausgeschnitten haben. Sie essen es pur und lieben es so. Das rote Fleisch landet in der Suppe. Tsampabrei macht sich dazu gewöhnlich jeder selbst. Gemüse und ein paar Gewürze werden in den brodelnden Topf über dem Feuer geworfen.

Das Essen dauert nicht lange, denn die Männer müssen noch die 200 Schafe und mindestens genauso viele Yaks eintreiben. Mit ihren Steinschleudern bewaffnet treten sie vor das Zelt, und es scheint, als müsste die Herde nicht großartig aufgefordert werden, in ihr Gehege zu traben. Blitzschnell spannen die Nomaden einen schneckenförmigen Windfänger aus Yakhaar und stellen ihn auf. Die Schafe laufen hinein und sind nun vor der nächtlichen Kälte geschützt. Die Yaks legen sich auf den Boden und werden in einer Reihe mit Seilen miteinander verbunden.

Als der Sonnenuntergang zwischen großen Wolken über dem See erneut die Szenerie in rote Farbe tränkt, wird es kalt. Starke Böen aus Nordwest kündigen mit bedrohlichen Wolkenformationen schlechteres Wetter an. Sobald die Dunkelheit hereinbricht, wünschen wir allen eine gute Nacht. Es ist noch nicht sehr spät, trotzdem passen auch wir uns dem Tagesrhythmus unserer Gastgeber an und machen uns auf, schleunigst in unsere Daunenschlafsäcke zu gelangen. Wir lauschen den Wellen, wie sie auf das steinige Ufer treffen. Der Wind rüttelt an unserer Zeltwand und schlägt die dünne Haut hin und her. Tenzing schaut mich besorgt an. Wir sind bis zur Nase eingemummelt und ich versichere ihm, dass unser Zelt dem Sturm standhalten wird.

So kalt und ungemütlich die letzte Nacht auch war, genauso angenehm ist das morgendliche Erwachen. Der Sturm ist über uns hinweggezogen und wir werden von strahlendem Morgenlicht begrüßt. Keine Wolke ist mehr am Himmel zu sehen. Es verspricht ein schöner Tag zu werden. Warm wäre gemessen an der aktuellen Höhe etwas übertrieben, dennoch klettert die Temperatur auf 21 Grad. Die UV-Strahlung hier oben ist so intensiv, dass vor allem ich mich ständig mit Sonnenmilch mit Schutzfaktor 50 eincremen muss. Schon jetzt habe ich an Händen und im Gesicht einen dunkelbraunen Teint. Nur selten sieht man im Hochland Tibets Menschen, deren Haut noch nicht von der Sonne gezeichnet ist. Kleine Kinder mit bereits verbrannten Wangen sind keine Ausnahme.

Wir verbringen den Tag am Zelt und helfen bei allen anfallenden Arbeiten, um uns erkenntlich zu zeigen für die Gastfreundschaft, die wir genießen dürfen. Es ist eine einmalige Erfahrung, mit der tibetischen Kultur so eng in Kontakt zu sein. Ich nutze jeden Augenblick, um Fotos zu machen und Tagebuch zu schreiben, damit nichts von diesen unvergesslichen Eindrücken verloren geht.

Seiten 76/77: Nur selten sieht man im Hochland Kinder, deren Haut noch nicht von der Sonne gezeichnet ist. Nach einer einzigartigen Woche, in der ich das harte Leben der Nomaden Tibets hautnah erfahren durfte, verabschiedet sich die Mutter mit dieser selten gewordenen Geste von mir. Ein Ausdruck von Verlegenheit und Respekt.

Oben: Ich geselle mich zum Picknick der Familie dazu und zeige den neugierigen Kindern meine Fotos. Hinter ihnen thront der imposant verschneite Gipfel des 7162 Meter hohen Nyenchen Tanglha vor dem Blau des Himmelssees.

Rechts: Der welthöchste und Tibets größter Salzwassersee Namtso ist ein heiliger Pilgerort und Heimat vieler *drokpa* (Nomaden). Sie siedeln in den Sommermonaten an seinem Ufer und lassen ihr Vieh auf den nahe gelegenen Steppen weiden.

Seiten 80/81: Gewaltige Wolkenmassen ziehen vor der Kulisse des Namtso vorbei und prägen das Farbenspiel auf der sie reflektierenden Wasseroberfläche. In dieser Nacht rüttelt der Sturm kräftig an unserem Zelt.

Oben: Gegen Abend werden die Tiere von ihren Weideplätzen geholt und in der Nähe des Zeltes hinter einer Windbarriere zusammengepfercht. Dabei werden sie allesamt durch Seile an den Hörnern miteinander verbunden. Nur in der wärmenden Gemeinschaft im geschützten Kreis überstehen sie die nächtliche Kälte.

Rechts: Das traditionelle Zelt aus Yakhaar ist noch heute die gebräuchlichste Behausung der Nomaden. In der Mitte des Zeltes unter einer offenen Stelle im Zeltdach lodert den ganzen Tag ein Feuer. Am Abend wird uns ein pikanter Fleischeintopf serviert.

Oben: Die Mutter versorgt die angeleinten Herdenhunde mit Futter. Die in Europa als Tibetdogge

Oben: Sichtlich begeistert reagieren
unsere freundlichen Gastgeber
auf die von meinem Sherpa über-

ལྷོ་ཁ་

SÜDTIBET

Seiten 86/87: Vor den Toren des Klosters Samding gelingt mir diese Panoramaaufnahme eines in sich gekehrten Mönches vor den weiten Ausläufern des Yamdrok-Sees. Immer düsterer türmen sich die Wolken am Himmel und ich denke unweigerlich an das Schicksal Tibets.

6000 m
5200 m
3600 m
0 m

SÜDTIBET

Unterwegs zum Wohnsitz der Götter

Der nächste Abschnitt meiner Expedition führt mich von Lhasa aus zum Chomolangma, dem Mount Everest. Es wird eine abenteuerliche Fahrt durch große Sumpfgebiete, trockene Wüstenregionen und die eisige Welt der Gletscher. Zuvor jedoch fahren wir in Richtung Südosten auf einer Route, die uns ins Yarlung-Tal bringen soll. In jenem Tal befinden sich neben scheinbar verlassenen Ruinen der Yumbu-Lakhang-Palast und das Kloster Samye, das älteste seiner Art in Tibet. Von dort aus geht es weiter zum malerischen See Yamdrok, der von den Tibetern aufgrund seiner außergewöhnlichen Form auch Skorpionsee genannt wird. Dort möchte ich das Kloster Samding besuchen, das unweit des Ufers liegt.

Die Regionen, die wir durchqueren, liegen etwas tiefer und bescheren meinem Körper ein wenig Erholung und Zeit, sich weiter zu akklimatisieren. Doch bereits kurz nach dem Yamdrok-See geht die Fahrt in schwindelerregenden Serpentinen wieder hinauf. Die Ausläufer des Berges Nöjinkarwasang mit dem Gletscher-Hochpass des Karo-La liegen nun vor uns auf dem Weg nach Shigatse und Gyantse. Die beiden Städte sind die letzten Stationen vor dem Mount Everest und halten noch einige der bedeutendsten Klöster Tibets für mich bereit. Unter anderem werde ich die heilige Kumbum-Chörte des Klosters Pelkhor besuchen, die zu den wichtigsten Kulturgütern Tibets zählt.

Am Ende dieses Teilstücks thront über allem der höchste Berg der Erde: der Mount Everest – Wohnsitz der Götter.

0 km
100
N
NE
E
SE
S
SW
W
NW
Nyima
Serling Tso
Naktsang
Tashi Dor
Namtso [Himmelssee]
Nyenchen Tanglha
7162 m
Yangpachen
Tshurphu
Oyuk
Nyethang
Chushul
Yarlung Tsangpo
Tashilhunpo
Shigatse
Gongkar
Lhatse
Sakya
Sakya
Pelkhor
Gyantse Dzong
Gyantse
Nöjinkarwasang
7206 m
Karo-La-Pass
Samding
Nakartse
Yamdrok Tumtso
Shelkar
Dingri
Khangmar
Cho Oyu
8188 m
Rongpuk
Chomolangma [Mt. Everest]
8848 m
BHUTAN
Sharsingma [Yadong]
Thimphu

Rechts: Der auf einem Felsvorsprung gelegene Yumbu-Lakhang-Palast ist das wohl älteste mehrstöckige Gebäude Tibets. Die vor etwa 2000 Jahren für den König Nyatri Tsenpo errichtete Festung wurde später in eine Palastresidenz umfunktioniert und dient heute nur noch wenigen Mönchen als Kloster.

Seiten 92/93: Friedlich fließt der Yarlung durch das gleichnamige Tal im Süden Tibets. Die dahintergelegene Gebirgskette spiegelt sich in der glatten Oberfläche des Flusses. Diese fruchtbare Gegend wird unter anderem auch als Wiege der tibetischen Zivilisation bezeichnet. Ich bin immer wieder begeistert, wie weit man in dieser klaren Höhenluft blicken kann.

VOM YARLUNTAL ZUM YAMDROKSEE

Die Wiege der tibetischen Zivilisation

Wir verlassen die Gegend um Lhasa und fahren zunächst in die tiefer gelegenen Regionen Richtung Süden. Der Fluss Yarlung war einst Namensgeber für eine der ältesten tibetischen Herrscherdynastien, die in diesem Gebiet siedelten. Auf unserem Weg ins Tal merke ich bereits, wie die Vegetationsformen langsam wechseln. Die karge, eher trockene Landschaft geht zunächst über in wüstenähnliche Flächen, die wie große Sanddünen aussehen, unterbrochen nur durch spärliche kleine Sträucher und Bäume. Wir durchqueren ungewohntes Terrain. In den Spuren großer Allradfahrzeuge folgen wir dem Pfad entlang des Flusses. Je weiter wir fahren, umso fruchtbarer scheint der Boden, immer mehr Ackerland ist erkennbar, und schon kurz darauf sind wir umgeben von saftigen Wiesen und Feldern.

Die Route, die ich ausgearbeitet habe, wird uns an drei weitere wichtige Punkte auf meiner Reise führen. Auf den kommenden 100 Kilometern Offroad werden wir das älteste buddhistische Kloster Tibets, Samye, besuchen, das sich am nördlichen Ufer des Yarlung befindet. Auch der Yumbu-Lakhang-Palast, der als das älteste mehrstöckige Gebäude Tibets gilt, wurde hier erbaut. Seit dem 2. Jahrhundert thront er hoch über dem Fluss. Für mich ist er definitiv eines der schönsten Gebäude, die ich in Tibet bewundern konnte, auch wenn er nach seiner fast vollständigen Zerstörung komplett wieder restauriert werden musste.

Während unser Fahrer in gebrochenem Englisch versucht, uns die geschichtsträchtigen Ereignisse der letzten 50 Jahre zu beschreiben, denke ich an all die Informationen, die ich mir im Vorfeld bereits angelesen hatte. Die Besetzung Tibets ist ein heikles Thema, zumal ein chinesischer Begleiter im Auto sitzt. Er wurde uns für die Dauer unserer Reise ab Lhasa zugeteilt und ist nun dafür zuständig, dass wir nichts zu sehen bekommen, was wir nicht sehen dürfen. Doch mein sechster Sinn bringt mich stets dazu, an Orten anzuhalten, die vordergründig harmlos erscheinen, sich später jedoch als äußerst interessant erweisen. Wir geraten oft heftig aneinander und er droht mir mehrmals, die Reise zu beenden. Doch ich lasse nicht locker und widersetze mich täglich seiner Anweisung. Alkohol und Sonderzahlungen sorgen dafür, dass alle auf mich warten, wenn ich wieder einmal unerlaubt auf eine Bergruine klettere.

Bei diesen Ausflügen begegne ich immer wieder Menschen, die mir ihre teils streng gehüteten Geheimnisse anvertrauen: Bilder vom Dalai Lama unter doppelten Böden, Buddhastatuen aus längst vergangener Zeit und versteckte Altäre zu Ehren Seiner Heiligkeit. Die Worte unseres Fahrers hallen nach. Lange noch denke ich an die Schrecken, die mit der sogenannten Kulturrevolution einhergegangen sind. Wie viele Klöster wurden zerstört, jahrhundertealte Kulturgüter vernichtet und entweiht? Es müssen unzählige gewesen sein. Und doch versuchen die Tibeter sich nicht von ihrem Weg abbringen zu lassen. Sie kehren zurück in die Klöster, renovieren so viel sie können, hinterlassen an jedem Ort ihre Gebetsfahnen. Die Menschen in Tibet sind bewundernswert. Ich bin mehr denn je bestärkt, mein Versprechen zu erfüllen. Ich werde mit Bildern und Geschichten nach Hause zurückkehren, die Aufmerksamkeit erzeugen werden.

Erst wenn wir die Leerheit erkannt haben, können wir uns von den Erscheinungen lösen.

Dalai Lama

Nur wer sich von seiner Neugierde leiten lässt, bekommt die Chance, die Wahrheit zu erfahren. Und das ist es letztlich, was Tibet braucht!

Mit diesem Gedanken konzentriere ich mich wieder auf unsere Fahrt, die kurz darauf vor den Toren des Klosters Samye endet. Ein wahrhaft beeindruckender Gebäudekomplex liegt vor uns, der in seiner Bauweise einem Mandala nachempfunden ist. Samye ist noch heute die Heimat vieler Mönche, und ich nutze die Gelegenheit, sie bei ihren täglichen Meditationsritualen zu fotografieren. Hier also wurden in den Anfangsjahren des tibetischen Buddhismus die ersten Mönche geweiht. Ein beeindruckendes Gefühl, wenn man bedenkt, wie viel Geschichte in diesen Mauern steckt. Am späten Nachmittag verlassen wir die Anlage wieder, um uns einen Platz zum Übernachten zu suchen. Während Tenzing und ich meist im Zelt übernachten, buche ich für unseren Koch, den Fahrer und den chinesischen Beamten immer ein Zimmer in einer nahe gelegenen Pension oder bei einer der ortsansässigen tibetischen Familien, um die Gemüter bei Laune zu halten. Die Nerven meines Teams werden schon genug strapaziert, wenn ich die Fahrt täglich unzählige Male unterbreche, um wieder auf irgendeine Anhöhe zu klettern, nur um erst Stunden später wiederzukommen.

Am nächsten Morgen setzen wir unsere Fahrt durch das Tal fort, zum Yumbu-Lakhang-Palast. Als wir am Fuß der Hügelkette anhalten, an deren Flanke der beeindruckende Königssitz erbaut wurde, verschlägt es mir schier die Sprache. Tausende bunte Gebetsfahnen umwehen den Aufgang des Gebäudes, als wenn sie ihm ihre Ehre erweisen wollten. Schneeweiß hebt sich der Palast vom dunklen Braun des Berges ab. Als Königssitz und ältestes mehrstöckiges Bauwerk Tibets ist der Yumbu-Lakhang ein weiteres kulturelles Erbstück, das von der bewegenden Geschichte Tibets erzählt. Viele Stunden verbringe ich an seinen Flanken, um das perfekte Foto zu machen. Erst als mein Team mich an die Zeit erinnert, die uns noch bis zum Erreichen unseres nächsten Ziels bleibt, breche ich ab.

Es geht weiter in Richtung des großen Sees Yamdrok, der von den Tibetern aufgrund seiner einzigartigen Form auch Skorpionsee genannt wird. Auf dem Weg dorthin sticht mir an den nahe gelegenen Berghängen eine Unregelmäßigkeit ins Auge, die ich mir gern näher anschauen möchte. Der Fahrer seufzt, als er unseren Wagen am Straßenrand parkt, denn die Befürchtung, dass die Fahrt nun wieder für einige Stunden unterbrochen werden könnte, ist groß. Ich weiß natürlich, dass die ständigen Verzögerungen nicht unbedingt günstig für den Zeitplan sind, doch mein Bauchgefühl hat mich noch nie im Stich gelassen, und so mache ich mich schnell auf den Weg. Irgendetwas ist dort oben, das weiß ich.

Und so beginne ich voller Ungeduld, den Hügel hinaufzusteigen. Doch schon nach einer halben Stunde verlässt mich langsam die Kraft. Der mangelnde Sauerstoff macht mir immer mehr zu schaffen, und ich merke, wie viel schwerer mir das Atmen fällt. Hinzu kommt der bröckelige Untergrund, auf den ich besonders achtgeben muss. Lose Steinplatten liegen überall herum und erinnern mich daran, wie schnell ein falscher Tritt zum Absturz führen kann.

Oben: Ein Mönch des Gelbmützen-Ordens im Kloster Samye murmelt in den frühen Morgenstunden sein Mantra. Die ursprünglich vorherrschende Religion der Tibeter war die der Bön-Kultur. Heute folgt die Mehrheit der Gläubigen dem tibetischen Buddhismus.

Zu meiner Linken führt der Berg hinauf, zu meiner Rechten geht es steil bergab. Nur sehr langsam komme ich voran. Schritt für Schritt immer weiter nach oben, bis ich schließlich den Grund entdecke, wegen dem mein Team nun schon seit einer Stunde auf mich warten muss. Vor mir befinden sich die Überreste einer alten Klosteranlage. Fast vollkommen zerstört, doch trotzdem liebevoll mit Gebetsfahnen geschmückt. Von hier oben habe ich einen wundervollen Blick über das Tal und stelle mir vor, wie es einst gewesen sein muss, als noch Mönche in der Anlage wohnten. Nun steht nicht viel mehr als die Grundmauern.

Gerade als ich mich wieder auf den Rückweg machen will, nehme ich eine Bewegung hinter mir wahr. Ich drehe mich verwundert um und stehe vor einem freundlich dreinschauenden älteren Mann, der mich zu sich winkt. Noch bevor sich das schlechte Gewissen meinem Team gegenüber melden kann, nehme ich die Einladung an. Er führt mich zu seiner Behausung in den Überresten des alten Klosters. Mit viel Mühe haben er und seine Familie offensichtlich einige Räume wiederhergestellt, die jetzt bewohnbar sind. Vorsichtig trete ich, dem Gastgeber folgend, ein und bekomme sofort einen dampfend heißen Buttertee serviert, den ich dankbar annehme. Neugierig versammeln sich nun auch seine Frau und die zwei Kinder um mich und wollen wissen, woher ich komme. Etwas unbeholfen versuche ich ihnen durch Zeichensprache und mithilfe der Fotos auf meiner Kamera zu erklären, dass ich aus Deutschland nach Tibet gereist bin, um Fotos zu machen für den Dalai Lama. Zögerlich, doch sichtlich interessiert wollen sie mehr wissen, und ich erzähle ein wenig von mir und meiner Reise. Wenig später muss ich mich jedoch schon wieder von ihnen verabschieden, denn ein anstrengender Rückweg wartet noch auf mich.

Glücklich, doch vollkommen erschöpft treffe ich drei Stunden später wieder auf mein ziemlich genervtes Team. Bald muss ich mir etwas einfallen lassen, um alle bei Laune zu halten. Zumal ich mich permanent über die Anweisungen unseres chinesischen Begleiters hinwegsetze. Ich weiß nicht, wie lange ich seine Interventionen noch ignorieren kann, ohne dass es Folgen für meine Reise hat. Ein Anruf von ihm würde theoretisch genügen, um mich des Landes zu verweisen.

Am späten Nachmittag treffen wir am Yamdrok ein und blicken von einer Anhöhe hinunter auf den vor uns liegenden kristallklaren See. Eine Weile noch fahren wir an seinen Ufern entlang, immer wieder begeistert von der Schönheit der Natur, die uns ein einzigartiges Farbenspiel bietet. Wie gemalt hebt sich das Blau des Wassers ab vom dunklen Gestein, das ihn umgibt, und von den dramatischen Wolken, die über uns hinwegziehen.

Am Kloster Samding machen wir noch einen kurzen Zwischenstopp und blicken ein letztes Mal auf den See, bevor es weitergeht in Richtung Westen, nach Gyantse. Wir fahren durch malerisch zerklüftete Bergregionen und passieren einen großen Ausläufer des Nöjinkarwasang, auf etwa 5040 Metern überqueren wir den Hochpass Karo-La.

Seiten 96/97: Als erstes buddhistisches Kloster des Landes erlebte Samye im Laufe der Jahrhunderte ereignisreiche Zeiten. Die alte Bön-Kultur und der aufkommende Buddhismus konkurrierten während seiner Entstehung stark miteinander. In Samye wurden die ersten buddhistischen Mönche Tibets geweiht und buddhistischen Schriften aus dem Indischen übersetzt.

Oben: Im Inneren des Klosters brennen Hunderte Butterlampen. Ich fühle mich wie in einer Traumwelt, als ich allein in den Hallen umherstreife. Der typische, süßliche Geruch liegt überall in der Luft und die fremdartigen Klänge der tibetischen Trompeten und Trommeln versetzen mich in eine vergangene Zeit.

Oben: Zu den traditionellen Musikinstrumenten Tibets gehören die Trompeten. Gerade im Umfeld der Klöster geben sie mir stets das Gefühl, in einer komplett fremden Welt zu sein, und tragen meine Gedanken fort. Hier sieht man die Mönche in Samye mit ihren typischen gelben Mützen.

Seiten 100/101: Hoch oben über dem Yarlung-Tal finde ich die Überreste eines tibetischen Klosters, in denen eine Familie Zuflucht gefunden hat. Ihren Gebetsaltar haben sie tief im Inneren des Berges versteckt. Darin befindet sich eine gut erhaltene, uralte Buddhastatue, die möglicherweise aus dem Nachlass des einst großen Klosterkomplexes stammt.

Seiten 102/103: Trügerisch friedlich liegt der Sumpf zu beiden Seiten der Straße auf unserem Weg zum See Yamdrok. Die Bergkette am Horizont und die über ihr hängenden Wolken bilden einen dramatischen Kontrast zur ruhigen Stille. Stundenlang führt uns die Route durch dieses Gebiet und ich bin einmal mehr gefesselt von Tibets Schönheit.

Rechts: Die Gebetsketten sind ähnlich wie die Gebetsmühlen ein unverzichtbares Utensil für alle gläubigen Tibeter. Es gibt sie in allen erdenklichen Varianten und die einzelnen Perlen werden zu jedem Mantra zwischen den Fingern weitergeschoben.

Seiten 106/107: An den Mauern des Klosters Tashilhunpo in Shigatse pilgern täglich unzählige Menschen entlang. Viele von ihnen tun dies in Niederwerfungen. Um den Punkt zu markieren, an dem sie sich wieder zu Boden beugen, benutzen sie oft alte Knochen.

GYANTSE UND SHIGATSE

Zwischen Glauben und Wirklichkeit

Gyantse und Shigatse gehören zu den größten und wichtigsten Städten Tibets und liegen beide am berühmten Friendship Highway, der die Hauptstadt Nepals, Kathmandu, mit Lhasa verbindet. Er ist eine der wichtigsten Handels- und Verbindungsrouten in Richtung Indien und besteht seit Mitte der 1960er Jahre. Nach unseren westlichen Maßstäben jedoch ist der Highway nicht zu bemessen. Er gleicht eher einer Landstraße, die stellenweise durch Erosion und Steinschlag fast bis zur Unbefahrbarkeit zerstört ist. Während der eisigen Wintermonate wird die auf über 3500 bis 5000 Meter Höhe liegende Straße jährlich schwer beschädigt und die Reparaturarbeiten kommen nur mäßig voran.

Unser erstes Ziel in Gyantse ist das berühmte Kloster Pelkhor, in dem sich der einzigartige, mehrstöckige Kumbum-Chörten befindet. Die Stupa beinhaltet unzählige kleine Kapellen, Buddhastatuen und Wandmalereien, die auf mehrere Stockwerke verteilt sind und besichtigt werden können. Dem Glauben nach verkörpert der Weg über alle Ebenen des Gebäudes bis nach ganz oben den Weg des Gläubigen bis zu seiner Erleuchtung. Der Kumbum-Chörten gehört zu den wichtigsten und bedeutendsten Bauwerken Tibets und zieht bis heute Pilger und Touristen aus dem ganzen Land an. Den Platz vor den Toren der heiligen Hallen nutzen viele von ihnen, um sich mittags ein wenig auszuruhen und zu meditieren. Für mich ein perfekter Ort, um mir die Menschen um mich herum etwas genauer anzuschauen. Und so beschließe ich, mich einfach dazuzusetzen. Ich liebe es, einfach nur Teil eines Ganzen zu sein, ohne großartig auf mich aufmerksam zu machen. Doch ein älterer Mann hat mich bemerkt und beobachtet mich nun neugierig. Vorsichtig komme ich ihm immer näher und setze mich schließlich lächelnd neben ihn auf einen Mauervorsprung. Die Faszination beruht auf Gegenseitigkeit, und als wollten wir alles voneinander wissen, beäugen wir uns anfänglich noch zögerlich. Sprachliche Barrieren haben mich noch nie aufgehalten, und so fange ich an, mit Händen und Füßen zu erzählen. Allein durch Berührungen und Gesten schaffen wir es, uns kennenzulernen.

Wissbegierig möchte er schließlich meine große Kamera untersuchen, worauf ich mich entschließe, ihm die Bilder der letzten Tage auf dem für ihn zauberhaft erscheinenden Display zu zeigen. Gebannt starrt er auf den Bildschirm, während die Informationen auf ihn einprasseln. Als ich ihm einige Bilder des Potala-Palastes zeige, bittet er mich, sie etwas länger betrachten zu dürfen.

Die Zeit scheint plötzlich stillzustehen, als ich merke, wie ihm die ersten Tränen an den faltigen Wangen herablaufen. Und auf einmal bin ich verlegen. Der Glaube und die Liebe, die dieser Tibeter seinem geistigen Führer, dem Dalai Lama, entgegenbringt, macht mich schier sprachlos. Weinend betet er zu meinem Kameradisplay und rezitiert die heiligen Mantras immer und immer wieder. Mit einer solchen Reaktion habe ich nicht gerechnet. Selbst ich habe nun einen Kloß im Hals. Jetzt wünschte ich, ich könnte ihm eines meiner Bilder geben, doch in seiner Welt gibt es keine USB-Sticks, die man schnell in jeden beliebigen Computer stecken kann, um Daten von

Es geht mitten durch Pfützen, Straßenabfälle und den Staub der unbefestigten Wege. Unbeirrbar setzen die Pilger ihren Weg fort.

York Hovest

A nach B zu schicken. So muss ich wohl oder übel meine Kamera irgendwann wieder einstecken und den Potala-Palast mit mir nehmen, den der fromme Tibeter noch nie in seinem Leben persönlich besuchen konnte. Diesen Menschen werde ich nie vergessen, der mir seine ganze Hingabe gegenüber seinem Glauben offenbart hat.

Ein weiteres Ziel in Gyantse ist die alte Festung der Stadt, der sogenannte Dzong. Erbaut im 14. Jahrhundert, erlangte das Fort seine Berühmtheit im Kampf gegen die englischen Invasoren Anfang des 20. Jahrhunderts.

Von Gyantse aus geht unser Weg weiter Richtung Westen nach Shigatse. Die zweitgrößte Stadt Tibets beherbergt das Kloster Tashilhunpo. Tashilhunpo, was so viel bedeutet wie „Berg des Segens", ist die größte Klosteranlage im südwestlichen Tibet, und diente vor der Kulturrevolution dem zweithöchsten Gelehrten nach dem Dalai Lama, dem Pantschen Lama, als Sitz. Dem Pantschen Lama wurde traditionell die ehrenvolle Aufgabe zuteil, den Nachfolger des Dalai Lamas zu erwählen. Darüber hinaus konnte er im Ernstfall, z.B. bei einem vorzeitigen Tod des Dalai Lamas, die religiöse und politische Führung des Volkes übernehmen. Es ist also nicht verwunderlich, dass seit der Besetzung Tibets ein von China eingesetzter Pantschen Lama waltet, wohingegen der vom Dalai Lama anerkannte auf mysteriöse Weise verschwunden ist. Der damals Sechsjährige wird bereits seit 1995 vermisst.

Eine der Hallen des riesigen Klosterkomplexes ist die Halle von Maitreya. In ihr befindet sich mit einer Höhe von 26,2 Metern die zweitgrößte sitzende Buddhastatue der Welt. Es ist ein magischer Ort voller urtümlicher Eindrücke und Gedanken. Die Zeit des Vollmondfestes ist noch immer nicht vorbei. Die Stadt ist voll von Pilgern, die in unzähligen *koras* die Klosteranlage umrunden. Zu ihnen gesellen sich Hunderte Bettler, die sich zwischen den Manisteinen vor den Mauern eingefunden haben und Almosen empfangen. Die Manisteine werden mit heiligen Texten oder traditionellen Gebetsformeln wie dem „Om mani padme hum" beschriftet und häufig mit Buddha-, Tier- und Heiligenbildern versehen. Außer an den heiligen Stätten hinterlassen Pilger sie auch an Wegkreuzungen und auf Passhöhen. Es ist erstaunlich, wo man diesen Steinen überall in Tibet begegnet. Selbst an den unwegsamsten Passagen findet man sie teilweise zu Hunderten zusammen mit den bunten Gebetsfahnen oder verzierten Yakschädeln.

In Tibet werden den Ärmsten viele Almosen zuteil. Man gibt, was man geben kann, und tut es gern. Denn einer der wichtigsten Aspekte des buddhistischen Glaubens ist das Mitgefühl. Hinzu kommt, dass der beschenkte Bettler als Dank für die Gabe eine Segnung ausspricht, die für den Spender eine Ehre ist.

Nach der kleinen Spende geht es für die Pilger weiter auf der *kora*. Die meisten von ihnen vollziehen den gesamten Weg mit Niederwerfungen. Das Alter spielt dabei keine Rolle. Die unglaubliche körperliche Anstrengung, die ein Ausdruck von Bescheidenheit und Demut darstellt, ist wohl einer der wichtigsten Aspekte auf dem Wege zur Erleuchtung.

Oben: Die Niederwerfung ist die mühevollste Weise, eine *kora* zu begehen. Diese beiden Pilger tragen so gut wie keine der üblichen Schutzmaßnahmen, während sie ihre Niederwerfungen absolvieren.

In unserer dritten Nacht in Shigatse konnte ich, wie so oft überwältigt von den vielen neuen Eindrücken, nicht einschlafen und begab mich noch einmal auf die Straße in Richtung *kora*-Aufgang. Ich wähnte mich allein, denn in der Nacht sind die *kora*-Pfade nicht beleuchtet. Gerade dieser um das Kloster Tashilhunpo führt mitten in die Berge, über unzählige Stufen hinauf und wieder hinab. Doch was ich dann erlebte, beeindruckte mich über alle Maßen. Gleich gegenüber einer der vielen Polizeistationen, die Tag und Nacht im Dauerbetrieb blinken und leuchten, liegt der Startpunkt des Umrundungsweges. Völlig unverhofft treffe ich hier auf Dutzende Jugendliche, die sich gemeinsam auf die *kora* vorbereiten. Fröhlich und erwartungsvoll umwickeln sie sich gegenseitig die Knie mit alten Klamotten und legen Mundschutz und Handschuhe an. Gut gelaunt beginnen auch schon einige von ihnen mit den ersten Niederwerfungen und verschwinden allmählich an den Mauern des Klosters in der Dunkelheit. Diese unbeschwerte Atmosphäre trotz der permanenten chinesischen Militärpräsenz erfüllt mich mit Zufriedenheit. Ich bleibe noch lange Zeit und beobachte zahlreiche Tibeter, die ihre Umrundung vollziehen. Dabei machen sie keine Umwege oder Pausen. Es geht mitten durch Pfützen, Straßenabfälle und den Staub der unbefestigten Wege. Unbeirrbar setzen sie ihren Weg fort. Mit diesen beeindruckenden Szenen im Kopf kehre ich zurück in meine Unterkunft.

Ich bin sehr froh über die vielen besonderen Erlebnisse am Kloster und mit den Tibetern. Denn ansonsten hat Shigatse leider nicht mehr viel von seinem alten Glanz bewahrt. Die Stadt ist fest in chinesischer Hand und ähnelt mittlerweile jeder anderen durchschnittlichen Stadt der Volksrepublik. Blinkende LEDs und grelles Neonlicht prägen das Straßenbild. An allen Ecken und Enden wird man aus Lautsprechern beschallt. Die Massen an Beton, die stetig zunehmende Zahl der tristen Wohnblocks lassen erahnen, wie hoch die Anzahl angesiedelter Chinesen ist. Neben großen Supermärkten und nächtlichen Prostitutionsetablissements findet man alles, was man eigentlich nicht erwartet hätte.

Wir kaufen reichlich Vorräte ein, die auf dem langen Weg in Richtung Westen unsere Versorgung sicherstellen. An erster Stelle steht wie immer Trinkwasser, denn in den hochgelegenen Gebieten, die uns erwarten, ist ein ausgeglichener Wasserhaushalt überlebenswichtig. Dazu kommen Gerstenmehl, Zucker, Kaffee, getrocknetes Fleisch und reichlich Kohlehydrate in Form von Süßigkeiten. Leider muss ich bei solchen Gelegenheiten auch daran denken, genügend Bier und Schnaps zu kaufen, um in gewissen Momenten die richtigen „Argumente" bei meinem Team anbringen zu können. Außer meinem treuen Sherpa Tenzing wusste keiner, warum ich wirklich hier bin. Der Alkohol ist an erster Stelle für unseren chinesischen Begleiter bestimmt, dessen Wohlwollen ich mir auf diese Weise erkaufen muss. Besonders wenn es wieder einmal um das Betreten von verbotenem Terrain geht.

Am nächsten Morgen verlassen wir Shigatse, um weiter in Richtung Mount Everest zu fahren.

Oben: Der Kumbum im Kloster Pelkhor ist ein stufenartiger Chörten in Form einer 35 Meter hohen Pyramide. In Anlehnung an die Mandala-Symbolik erhebt er sich über mehrere Terrassen. Er ist der größte Chörten im ganzen Land und beherbergt unzählige kleine Kapellen, die mit Wandbildern und Buddhastatuen verziert sind. Der Kultbau steht für den erlösten Körper Buddhas.

Oben: Das ausdrucksstarke Gesicht dieses Mannes mit seinen unzähligen Falten erzählt von einem bewegten Leben. Die Freude, die er ausstrahlt und die ich in seinen Augen lese, lässt vermuten, dass es ihm gut ergangen ist. Ich kann kaum einschätzen, wie alt er wohl ist, denn besonders in diesen Höhen lässt die starke Sonneneinstrahlung die Menschen älter aussehen, als sie tatsächlich sind.

Seiten 112/113: Die traditionellen bunten Schürzen werden von verheirateten Frauen getragen. Sie sind von Hand gewebt und in ihrer Vielfalt unübertroffen. Die Tibeterinnen kombinieren dazu eine kleine silberne Dose als Handtasche, die vorne am Bauch befestigt wird.

Oben: Fast zwei Stunden lang beobachtete ich die reglose stehende Frau vor den Mauern des Klosters Pelkhor. Die Tibeter sind oft so sehr in ihre Meditationen und Gebete vertieft, dass sie lange Zeit völlig in sich gekehrt verharren können.

Rechts: Diese Frau traf ich am Straßenrand und bat sie um ein Porträt. Sie trägt den traditionellen Schmuck der Tibeter: Koralle, Türkis und Yakknochen. An der Vielfalt und Größe der Ketten erkennt man, dass sie zur wohlhabenderen Gesellschaft gehört.

Seiten 116/117: Der Dzong von Gyantse: Einst eine Festung zur Verteidigung gegen die britischen Angreifer, ist das Gebäude heute ein wichtiges Kulturdenkmal. Unweit des Klosters Pelkhor thront der Dzong hoch auf dem Berg. Der Mond am wolkenlosen Himmel verlieh ihm an diesem Tag eine wunderbar mystische Aura.

Rechts: Ich freue mich jedes Mal ganz besonders, den Kindern etwas von mir zu zeigen oder zu geben. Die Faszination beruht auf Gegenseitigkeit, denn die Kleinen scharen sich stets voller Neugier um mich. Lachende Kinder sind für mich der Inbegriff von Glück.

Seiten 120/121: Der Durchgang in den Innenhof ist gesäumt von ratternden Gebetsmühlen. Wir sind fast ganz alleine in der monumentalen Klosteranlage von Sakya. Die massiven Außenmauern der ehemaligen Festung sind mehr als zehn Meter hoch und 3,5 Meter dick. Wahrscheinlich hat Sakya es dieser Bauweise zu verdanken, das wenigstens das Südkloster der Zerstörung entgehen konnte.

DER CHOMOLANGMA

Der mächtigste Berg der Erde

Auf dem Weg zum Mount Everest liegt die alte Festung Sakya. Vor uns am Horizont erkennt man schon die ersten Eisriesen mit weit über 7000 Metern Höhe. Über staubige Straßen führt uns der Weg durch unwegsames Gelände, bis wir am frühen Abend das Kloster in einer verschlafenden Ortschaft erreichen. Das monumentale Sakya, das seinen Namen als graue Festung dem umliegenden Gestein verdankt, bestand ursprünglich aus einem Nord- und einem Südkloster. Von den beiden Gebäudekomplexen ist heute nur noch der südliche Abschnitt übrig, nachdem der nördliche der Kulturrevolution zum Opfer gefallen ist. Dank der dicken Schutzmauern jedoch konnte ein Teil der Anlage vor der Zerstörung bewahrt werden und gilt heute als eines der wichtigsten Kulturdenkmäler Tibets.

Im Inneren befindet sich die kolossale Haupthalle, die „Sutrahalle". Als größte ihrer Art bot sie einst mehreren Tausend Mönchen Platz. Nachdem ich drei Tage lang das Kloster mit all seinen Hallen, Gängen und den wenigen verbliebenen Mönchen erforscht und porträtiert habe, will ich mir von einem benachbarten Berg aus einen Überblick über das gesamte Areal verschaffen. Trotz des schlechter werdenden Wetters und der Warnungen meines Teams, dass das Besteigen der umliegenden Berge strengstens untersagt sei, mache ich mich auf den Weg. Auf einer Anhöhe erwartet mich ein beeindruckendes Panorama. Von hier oben aber wird das Ausmaß der Zerstörung besonders deutlich.

Erst spät in der Nacht und nur mithilfe meiner Stirnlampe komme ich verfroren und erschöpft von dem in seiner Höhe unterschätzten Gipfel wieder und wärme mich mit mehreren Buttertees am Kerzenfeuer in meiner Stube wieder auf. Die Energie, die mir das einer Fettbouillon ähnliche Getränk und der tiefe Schlaf geben werden, werde ich in den nächsten Tagen dringend brauchen.

Früh am Morgen verlassen wir über einen geheimen Schleichweg, den nur unser Fahrer kennt, das Kloster und fahren offroad Richtung Mount Everest. Ein ganzer Tag im Auto liegt vor uns, wenn wir es in einem Stück in die gewaltige Höhe schaffen wollen. Die Strecke führt durch unwegsames Gelände, dessen Serpentinen mir unendlich vorkommen. Wieder einmal befinden wir uns in einem Gebiet, zu dem Touristen normalerweise keinen Zugang haben.

Der steinige Pfad, der uns zum Ausläufer des großen Rumbuk-Gletschers des Mount Everest bringen soll, führt durch karge, felsige Landstriche, die auf den ersten Blick unbewohnt scheinen. Doch die vielen Ruinen, die vom traurigen Schicksal unzähliger Klöster zeugen, lassen vermuten, das die Region einst Heimat vieler Tibeter gewesen sein muss. Heute sind nur noch die Überreste und Grundmauern der Klosteranlagen zu finden. Abseits des Weges treffen wir wieder auf Nomaden, die ihr Vieh auf den letzten bewachsenen Grasflecken weiden lassen.

Immer höher geht die Fahrt. Ohne die vielen Tage der Höhenanpassung wäre mein Körper den Anstrengungen hier oben sicher nicht gewachsen. Und das ist nur der Anfang, denn am Fuße des Chomolangma, wie der Mount Everest in Tibet auch genannt wird, werden wir schon bald eine Höhe von knapp 5200 Metern erreichen.

Mutter des Universums wird der Mount Everest liebevoll von den Tibetern genannt, und auch ich beginne, ihn nun so zu sehen.

York Hovest

Vor dem berühmten Berg, am Fuße des Gletschers Rongpuk, liegt das Kloster Rongpuk auf 5010 Metern Höhe. Damit ist es das höchstgelegene Kloster der Welt. Uns werden sagenumwobene Geschichten erzählt aus einer Zeit, in der die Bewohner ihr Leben ohne jegliche modernen Hilfsmittel bestritten haben. Die Tatsache, das jahrhundertelang Menschen ohne schwere Allradfahrzeuge hier hochgekommen sein müssen, übertrifft meine Vorstellungskraft.

Unweit des Klosters, im Basecamp an der Nordseite des Berges, schlagen wir unsere Zelte auf. Wir liegen dem Giganten praktisch zu Füßen und haben einen atemberaubenden Blick auf den Gipfel des Everest. Von hier aus geht es 3838 Meter steil nach oben. Heute werde ich keinen weiteren Ausflug mehr unternehmen und mich lieber ein wenig ausruhen, denn der Punkt, von dem aus ich meine Aufnahmen vom Chomolangma machen werde, liegt noch einmal etliche Meter höher. Wieder verschlechtert sich das Wetter und der eisige Wind lässt das Thermometer auf unter minus 15 Grad fallen.

Am nächsten Morgen besuchen wir unter der Führung eines alten Mönches die Höhle des berühmten Milarepa unweit des Camps. Durch ein kleines verstecktes Loch im steinernen Boden gelangen wir, mit Kerzen bestückt, ins Innere des Berges. Auf allen vieren krabbeln wir dem Mönch hinterher. Tenzing übersetzt uns eindrucksvolle Episoden aus dem Leben des Yogameisters und Dichters Milarepa, der strengste Kasteiung und Meditation betrieb. Die Fuß- und Handabdrücke des berühmten Yogis seien noch heute in der Wand zu finden, an der er zu meditieren pflegte, erzählt uns unser Führer. Die sonderbaren Geschichten des Mönchs beflügeln meine Fantasie und beschäftigen mich noch lange.

Zurück im Basecamp, ziehe ich mich wieder in mein Zelt zurück, um zu schreiben. Diesen Ort vegisst man so schnell nicht wieder. Um uns herum aus den benachbarten Zelten tönt das Klappern der Essensuntensilien der Bergsteiger, die sich in Geduld üben müssen beim Warten auf den Anstieg.

Die vielen Menschen hier oben im Camp trüben mein Bild vom Mount Everest. Viel zu viele versuchen jedes Jahr in waghalsigen Aktionen mithilfe der angeheuerten Sherpas ihr Glück. Erst jetzt wird mir bewusst, wie allein wir in den vergangenen Wochen waren. Auch wenn es häufig Unstimmigkeiten zwischen mir, dem Fahrer und dem Guide gegeben hat, so waren mir diese Auseinandersetzungen allemal lieber als der Anblick der vielen Sensationsamateure, die einem hier begegnen.

Der Mount Everest, das Objekt der Begierde und Ziel vieler Leichtsinninger: Seine Anziehungskraft ist mindestens so gewaltig wie er selbst. Eine Mischung aus Begeisterung, Ehrfurcht und Respekt erfasst mich. Ich möchte ihn in einer einzigartigen Weise porträtieren, ihn aber nicht herausfordern.

Die kommende Nacht wird unruhig werden. Die Luft ist dünn, und das Pfeifen des Windes verhindert einen tiefen Schlaf. Das grelle Licht des Mondes hat mich nicht einschlafen lassen. Es sollte sich aber als entscheidender Faktor dieser mich im Nachhinein mit Stolz erfüllenden Nacht erweisen.

Oben: Die Zeit scheint hier stillzustehen. Als hätte es nie etwas anderes für sie gegeben, laufen diese Mönche über den Innenhof von Sakya. Verdrängt man für einen Moment die dramatische Geschichte Tibets, so fühlt man sich im untergehenden Licht der Sonne wie in einer anderen, weit entfernten Welt.

Ich muss nach draußen. Das Feuer des kleinen Ofens, das den ganzen Tag über brannte, ist längst erloschen. Mühsam quäle ich mich aus dem Daunenschlafsack, obwohl mein ganzer Körper danach schreit, liegen bleiben zu dürfen. Es ist bitterkalt. Der Atem gefriert zu Kristallen, während man jede noch so kleine freiliegende Stelle am Körper wie Eiswürfel auf der Haut wahrnimmt. Draußen bläst der eisige Wind so stark, dass man ohne Handschuhe ein schnelles Erfrieren der Finger riskieren würde. Mit der großen Kamera und dem Stativ unter der Daunenjacke trete ich mit zwei Stirnlampen vor das Zelt. Im Zwielicht der vom Vollmond erhellten Welt laufe ich über das Murenbett bis zur anderen Seite des Berghanges. Die Wolken am Himmel ziehen schnell vorüber und versperren mir immer wieder die Sicht auf die Spitze des Achttausenders.

Ich laufe immer weiter nach oben, um eine noch bessere Sicht auf die Nordflanke des Everest zu bekommen. Angetrieben von der Euphorie, dieses eine Bild zu schießen, geht mir jedoch bald die Puste aus. Ich bin zu schnell. Eisig durchströmt die Luft meine Lungen. Ich raffe mich nach einer kurzen Verschnaufpause auf, um quälend lange 40 Minuten später auf einer Anhöhe mein Stativ aufzubauen.

Vor mir scheint der Mond durch die löchrige Wolkendecke auf den gigantischen Berg, der ruhig und friedlich vor mir liegt. Die Hektik und der Trubel des Bergtourismus haben sich gelegt. Ich warte auf den perfekten Moment. Eine gefühlte Ewigkeit harre ich in der Kälte aus, und einmal mehr wird mir hier draußen bewusst, in welch lebensfeindlicher Region wir uns aufhalten. Immer wieder wärme ich die Akkus der Kamera unter meiner Jacke. Und immer wieder muss ich in Sekundenschnelle die riesigen Daunenhandschuhe zum Einstellen der Kamera ausziehen. Obwohl ich bereits zuvor im Zelt genau überlegt habe, wie ich die Kamera bediene, birgt die eisige Temperatur hier oben einige Tücken. Die Rädchen sind zu klein, es ist dunkel und auf dem losen Geröll gehe ich sehr unsicher. Wenn ich auch nur einen kurzen Moment unaufmerksam bin, riskiere ich einen Absturz. Also versuche ich trotz zitternder Glieder so ruhig wie möglich zu bleiben. Die Finger werden in dieser kurzen Zeit bereits taub und ich bekomme eine Vorstellung davon, wie es den Bergsteigern in noch größeren Höhen ergeht. Weitere 20 Minuten vergehen, in denen ich das Gefühl habe, bald sogar zu verfroren zu sein, um einen sicheren Abstieg zu schaffen. Doch endlich sind mir die Berggeister gnädig gesinnt und geben die Spitze des Mount Everest frei. In seiner ganzen Pracht und Schönheit präsentiert sich mir der höchste aller Berge im Licht des Mondes.

„Mutter des Universums" wird der Mount Everest liebevoll von den Tibetern genannt, und auch ich beginne, ihn nun so zu sehen. Diese Aufnahme gehört für mich zu den bedeutendsten, die ich auf meiner Tibet-Reise gemacht habe. Obwohl der Chomolangma ein bereits millionenfach fotografierter Berg ist und durch den Bergsteigertourismus in einem zweifelhaften Licht steht, symbolisierte er in dieser Nacht für mich doch den bewundernswerten Geist des ganzen Landes. Stolz und frei ragte er in den tiefblauen Nachthimmel, umgeben von funkelnden Sternen.

LIFAN
LIFAN
OK!

Seiten 124/125: Kurz bevor wir den Mount Everest erreichen, treffe ich zwischen einigen Viehherden erneut auf Nomaden. Der ganze Stolz dieser beiden ist das Motorrad, das einen gewissen Wohlstand der Familie symbolisiert. Sie haben es liebevoll geschmückt und stellen sich gekonnt in Pose. Ich stehe vor der Stoffwand ihres weißen Zeltes, die das Licht der Sonne direkt auf das Motorrad zurückwirft.

Oben: Die Überreste dieses Klosters erheben sich wie zum Trotz aus der kargen Landschaft. Sie sind die stillen Zeugen einer Zerstörungswut, die einst das Land überkam. Wir können nur erahnen, wie hier ein heiliger Ort Dutzenden Mönchen ein Zuhause geboten hat.
Rechts: Verlassene Pfade, die ins Nirgendwo führen, und die Ruinen unzähliger Klöster. Dieses Gebiet darf von Touristen nicht passiert werden. Die makabere Schönheit der Szenerie ist erschreckend. Doch gerade solche Bilder machen auf das Schicksal Tibets aufmerksam.

Seiten 128/129: 8848 Meter – der Mount Everest in einer Vollmondnacht. Auf Tibetisch heißt der höchste Berg der Welt Chomolangma. Zwei unendlich lange Stunden verbringe ich bei minus 20 Grad auf 5200 Metern Höhe vor seiner gewaltigen Nordflanke, bis die vorbeiziehenden Wolken endlich den Gipfel freigeben. Ein besonderes Foto und mein ganzer Stolz.

སྟོད་མངའ་རིས་སྐོར་གསུམ་

WESTTIBET

Seiten 130/131: Oberhalb des Klosters Gyangdrak Gönpa: Es ist unvorstellbar, wie weit man in Tibet blicken kann. Die klare Luft ermöglicht mir eine immense Fernsicht. Vor uns in knapp 100 Kilometer Entfernung liegt der Gipfel des Gurla Mandhata (7694 Meter).

6000 m

WESTTIBET

Die geheimnisvolle Welt um den Kailash

4000 m

VOM MOUNT EVEREST geht es über das Hochplateau in Richtung Kailash, der mit seinen noch vereisten Umrundungswegen die größte Herausforderung für die Expedition sein wird. Neben der körperlichen Belastung wird mich dieser Abschnitt auch an die Grenzen meiner psychischen Belastbarkeit bringen. Jahrzehntelang gab es auf der Ebene keinen so harten Winter mit lang anhaltender Kälte und heftigen Schneefällen mehr.

Der westliche Teil Tibets zeichnet sich durch raue klimatischen Bedingungen aus. In dieser Region, die zu den höchstgelegenen Tibets gehört, finden sich teilweise Permafrostböden, die eine ertragreiche Landwirtschaft fast unmöglich machen. Die meisten Tibeter, die hier oben leben, sind Nomaden, die mit den Jahreszeiten ihren Standort wechseln. Der Anteil der Bauern und Hirten in der tibetischen Bevölkerung macht über 85 Prozent aus.

Mein Hauptziel in Westtibet, neben dem heiligen Berg Kailash und der Hochebene, wird das verlassene Königreich Guge sein, mit dessen alter Höhlenstadt Tsaparang.

Da wir uns in diesem Teil des Landes auf durchschnittlich 4500 Metern befinden, liegen die Temperaturen weit unterhalb derer in Lhasa. Zusätzlich ist das Wetter bei unserer Ankunft so unbeständig, dass eine genaue zeitliche Planung unmöglich ist. Diese Tatsache wird mich besonders am Kailash beschäftigen, wo es schließlich darum geht, auf etwa 5700 Metern Höhe die beinahe 54 Kilometer durch Eis und Schnee zu bewältigen.

0 m

Pangang Tso
Rutok
Rutok
Changthang
Sênggê Tsangpo
Napuk
Tholing
Tsaparang
Tsamda
Sutlej
Kangrinboqê
[Kailash]
6638 m
Drirapuk Gönpa
Chöku Gönpa
Gyangdrak Gönpa
Darchen
Dzutrülpuk Gönpa
Chiu Gönpa
Rakshastal
Manasarovar
Gurla Mandhata
7694 m
Purang
INDIEN
NEPAL
N
NE
E
SE
S
SW
W
NW
0 km
100

Rechts: Auf dem Weg zum Kailash begegnen wir diesem Pilger, dessen Ziel ebenfalls der heilige Berg ist. Wie viel Zeit er wohl noch benötige, bis er dort ankäme, habe ich ihn gefragt. Er wüsste es nicht, war die Antwort, aber es spiele auch keine Rolle für ihn. Viele Tibeter hätten mir wohl dieselbe Antwort gegeben.

Seiten 136/137: Weitere Pilger auf dem Weg zum Kailash. Sie sind nicht die Einzigen, denen wir auf der Strecke begegnen. Je nachdem, wie der Winter ausfällt, warten die Tibeter auf die Rückkehr der Mönche aus dem Kloster Drirapuk. Deren Ankunft in Darchen bedeutet, dass die *kora* nach dem harten Winter wieder begangen werden kann.

DIE HOCHEBENE TIBETS

Weiße Wunderwelt in der Einsamkeit

Nach Wochen der Akklimatisierung haben wir uns endlich optimal angepasst und fahren weiter in Richtung Westen. Mein Ziel ist das Schneejuwel Tibets: der Kailash.

Eine beschwerliche Reise steht uns bevor. Der extrem lang anhaltende Winter ist in diesem Jahr so heftig ausgefallen, dass uns Einheimische bereits mehrfach geraten haben, umzukehren. Die Verbindungsrouten in die Region Ali seien noch nicht passierbar, hieß es. Eine Herausforderung also für Mensch und Maschine, denn vor uns liegen einige Hundert Kilometer voll Eis und Schnee. Das Hochland wird vom Himalaja im Süden und Westen, dem Karakorum im Nordwesten, dem Kunlun-Shan-Gebirge im Norden und den ostchinesischen Randgebieten umschlossen.

Wir gelangen nun in die höchste, fast unbewohnte Region der Welt. Das Terrain macht unserem schweren Geländefahrzeug zu schaffen und das mittlerweile seit einigen Tagen anhaltende schlechte Wetter drückt sichtlich auf meine Stimmung. Tenzing und die anderen haben Mühe, mich bei Laune zu halten, denn sie wissen, dass auch die Höhe meinem Körper zu schaffen macht.

Dieses von kargen Ebenen und alpinen Steppen durchzogene Plateau ähnelt einer nicht enden wollenden Mondoberfläche, die aufgrund ihrer trockenen Klimabedingungen und starken Temperaturschwankungen größtenteils unbewohnt ist. Lediglich ein paar Dörfer sind in geschützten Oasen mit natürlichen Grundwasservorkommen entlang der Flüsse entstanden. Nur dort gedeihen kleinwüchsige Pflanzen, die zu landwirtschaftlichen Zwecken nutzbar sind und somit die Basis für ein Leben hier oben bilden. Tourismus gibt es in dieser Gegend des Landes kaum noch.

Doch auf meiner Reise habe ich die besonderen, versteckten kulturellen Zeugnisse meist in den abgelegensten Regionen gefunden. Überwiegend nur noch in zerstörter Form von Ruinen oder in schwer zugänglichen Höhlen, gut versteckt. Aber immerhin gibt es sie noch, die stillen Zeugen einer vergangenen Zeit. Fernab von Militär und Polizeikontrollen durfte ich zudem hautnah miterleben, wie mich freundliche Tibeter zu ihren heiligen Verstecken führten und mich vorsichtig an ihrem ungebrochenen Glauben an den Dalai Lama teihaben ließen. Wegen genau dieser Momente bin ich hierhergekommen.

Aber zunächst muss ich mich auf meine kommenden Etappenziele konzentrieren. Der Jeep arbeitet sich durch immer schwieriger werdendes Gelände, und bald sind wir von Eisfeldern umgeben, die beinahe schon die Straße überragen. Immer wieder halten wir kurz an, um diese unglaubliche Natur zu bestaunen.

Auf unendlichen Kilometern begegnen uns Herden von *kiangs*, die sogenannten Tibetesel, die wie dunkle Felsen im Schneegestöber gut auszumachen sind. Der *kiang* stellt den größten Vertreter der wildlebenden Esel dar. Die männlichen Tiere können eine Schulterhöhe von etwa 1,40 Meter und ein Gewicht von bis zu 400 Kilogramm erreichen. Oft rennen mehr als 60 Tiere vor unserem Fahrzeug davon. Im offenen Gelände sehen wir kleine Füchse, die im Schnee den Pfeifhasen, den *pikas*, hinterherjagen. Ihren Namen erhielten die Tiere wegen der hohen Töne, die sie als Warn- und Erkennungs-

Glaube an deine Kräfte.
Wenn du an deine Stärke glaubst,
wirst du täglich stärker.

Dalai Lama

signal von sich geben. Trotz der extremen Klimabedingungen und der eher kargen Vegetation ist die Region Heimat vieler Wildtiere.

Bald gelangen wir in Höhen, in denen Schnee und Eis den Boden zu einem einzigen weißen und scharfkantigen Geröllfeld haben werden lassen. Strahlendes Weiß so weit das Auge reicht. Der Weg ist an einigen Engpässen nur noch so breit wie das Auto selbst.

Doch am Ende eines jeden Tages haben wir wieder viele Kilometer geschafft und nähern uns stetig unserem Ziel. Ich nehme mir vor, sobald wir den Ort Darchen erreicht haben, der unser Ausgangspunkt für die Kailash-Umrundung sein soll, mindestens zwei ganze Tage auszuruhen, bevor es auf die *kora* geht. Denn die beinahe 54 Kilometer um den heiligen Berg kann ich nur in bester Verfassung schaffen. Abends, wenn wir unsere Unterkunft beziehen, falle ich samt meiner Kleidung in einen unruhigen Halbschlaf, aus dem ich regelmäßig hustend erwache. Das macht mir Sorgen. Auch das Wetter beunruhigt mich zunehmend, denn mittlerweile ist der Himmel völlig wolkenverhangen und lässt nichts Gutes erahnen.

Wir erreichen endlich das Ostufer des in Nebel getauchten Sees Manasarovar und verbringen die kommenden Tage in der Hütte einer tibetischen Familie, direkt an seinem Ufer. Die lang anhaltende Schlechtwetterfront ist mir jedoch nicht nur auf die Psyche geschlagen, sondern manifestiert sich nun auch in Form von Müdigkeit und immer schlimmer werdenden Kopfschmerzen.

Nach reiflicher Überlegung entscheiden mein Team und ich uns, zu handeln und die Reiseapotheke zu Hilfe zu nehmen. Nachdem ich einige Tabletten genommen habe, verlasse ich das kleine Haus und lege mich am Ufer des Sees auf den Boden und warte. Eine Ewigkeit passiert überhaupt nichts, und ich werde unruhig, denn ich weiß, dass dies das Ende der Expedition bedeuten kann. Ganz langsam lässt der Schmerz nach. Ich traue mich nicht, mich zu bewegen, aus Angst, diesen kleinen Erfolg gleich wieder zunichtezumachen. Der Schmerz verschwindet allmählich und drei Stunden später stehe ich wieder vor unserer Hütte und fühle mich sichtlich besser.

Den nächsten Tag verbringe ich vorsichtshalber noch im Bett und schöpfe neue Kraft. Den Aufbruch zum Kailash haben wir wetterbedingt ohnehin um weitere zwei Tage verschoben. Ich möchte unbedingt warten, bis die Wolken verschwunden sind, um endlich freie Sicht auf den Berg zu haben, doch die Hoffnung darauf sinkt immer weiter. Mein Team beginnt mich zum Aufbruch nach Darchen zu drängen. Der Ort, der uns als Ausgangspunkt für die *kora* dienen wird.

Ich bitte sie um eine einzige Nacht des Wartens, denn tagsüber traf ich auf einen alten Nomaden, der mir versicherte, dass sich das Wetter bis zum Morgen bessern würde. Also überrede ich Tenzing, mit den anderen zu sprechen und sie noch einmal zu besänftigen.

In dieser Nacht kann ich nicht schlafen. Die Ungeduld ist groß, und so stehe ich auf und schaue, ob das Wetter bereits eine Verbesserung erkennen lässt. Als ich vor die Tür trete, finde ich mich unter einem fast wolkenlosen Sternenhimmel wieder. Am Morgen brechen wir bester Laune auf, in Richtung des Klosters Chiu Gönpa. Am Klos-

Oben: Berge aus Eis türmen sich vor uns auf. Wind und Wetter haben im Laufe des strengen Winters die bizarresten Formen entstehen lassen, die teilweise bis auf die Straße ragen. Am Horizont zeigt der Gurla Mandhata uns seine Nordflanke.

ter angekommen, genießen wir die wärmenden Strahlen der Sonne und den einzigartigen Ausblick auf den heiligsten Berg des Buddhismus. Seine eisbedeckten Flanken glitzern im hellen Tageslicht und die klare Luft ermöglicht mir einzigartige Aufnahmen.

Auf dem Rückweg zur Unterkunft machen wir noch einen kurzen Abstecher in eines der Täler am Fuße des Kailash. Hier treffen wir auf einen Nomaden, bei dem wir eine kurze Rast einlegen. Er rät uns jedoch ab, wie so viele vor ihm, die Umrundung zu wagen. Die Mönche des Klosters Drirapuk seien noch nicht zurückgekehrt. Ihre Ankunft in Darchen sei das Zeichen dafür, dass der Weg frei und die Umrundung des Kailash wieder möglich sei.

Zurück in unserem kleinen Haus, will ich mich noch einmal mit meinem Team beraten, ob unser Vorhaben wirklich realisierbar sei. Aufgrund des ohnehin schon bestehenden Zeitverzugs entscheiden wir, es entgegen allen Warnungen trotzdem zu versuchen. Früh am Morgen brechen wir also auf in Richtung Darchen, wo wir unsere Basis für die Kailash-Umrundung errichten und uns über die aktuelle Wettersituation informieren wollen.

Die als heiligster Pilgerweg bekannte *kora* um den Kailash gilt als sehr beschwerlich. Nur wer in körperlich bester Verfassung ist, sollte es wagen, den Berg zu umrunden. Wir erfahren auch hier von den Einheimischen, dass der Rundgang noch nicht passierbar ist. Keiner der Mönche, die am Scheitelpunkt der *kora* im Kloster leben, kam bisher zurück ins Dorf. Eis und Schnee versperren den Weg, heißt es.

Wir nutzen die Zeit, um uns ein wenig in der Gegend umzuschauen, und besuchen unter anderem die örtliche Krankenstation. Einen einzigen Arzt gibt es hier. Bereitwillig gewährt er uns einen Einblick in die traditionelle tibetische Heilkunst, die auf einem ganzheitlichen Ansatz und unter anderem auf den ayurvedischen Prinzipien beruht. Noch heute werden uralte, erprobte Praktiken und Heilmittel unserer modernen Medizin vorgezogen. Wir dürfen miterleben, wie zwei ältere Damen aus einem mit zahlreichen kleinen Kügelchen bestückten Arzneischrank ihre heilende Medizin zusammengestellt bekommen.

Als wir uns am Abend an einem der vielen Billardtische, die hier einst für die chinesischen Besatzer auf den Straßen aufgebaut worden waren, die Zeit vertreiben, lernen wir zwei junge Männer kennen. Die mittlerweile der Witterung überlassenen, schon völlig verschlissenen Tische stehen am Straßenrand und sind in ganz Tibet zu finden. Eine gute Gelegenheit zur schnellen Kontaktaufnahme mit der jüngeren Generation.

Die Jungen arbeiten als Träger in Darchen und helfen in den Sommermonaten den vielen Pilgern beim Tragen ihres Proviants. Ich frage sie, ob sie es wagen würden, zusammen mit mir und meinem Team eine Erstbegehung der *kora* zu wagen. Doppelter Tageslohn und reichlich Proviant sind die Bedingungen und schließlich stimmen sie zu.

Bereits am nächsten Morgen verlassen wir bei Eiseskälte das kleine Dorf und machen uns zu sechst auf den Pilgerweg.

Seiten 140/141: Die einsame Straße in der Hochebene Tibets führt über Stunden geradeaus durch verschneites Terrain. Weit und breit ist nichts zu sehen außer den eisigen Bergketten und den darüberhängenden Wolkenmassen, die von weiterem Schneefall künden. Im Gegensatz zu mir lässt sich dieses Yak nicht vom Wetter beeindrucken.

Oben: Eine Yakherde in den zerklüfteten Ausläufern des Kailash. Die Tiere handeln instinktiv und haben ein Gespür für die Festigkeit des Untergrundes, auf dem sie laufen. Sie werden von ihren Hirten über das Eis getrieben. Der Fluss ist meterdick zugefroren und birgt keine Gefahr für die tonnenschweren Tiere.

Rechts: Die ersten Zugvögel treffen am Manasarovar-See ein. An den wenigen Uferstellen, die eisfrei sind, versammeln sich Schwarzhalskraniche, Streifen- und Rostgänse. Wir sind nicht die Einzigen, die mit den Folgen des Jahrhundertwinters zu kämpfen haben.

Seiten 144/145: Stätte des Glaubens am Manasarovar: Mit Mantras geschmückte Yakschädel sind gleichermaßen wie die Gebetsfahnen ein häufiger Fund an sämtlichen Orten Tibets. Die Tiere, die als Nutztier und Nahrungsquelle für die Nomaden überlebenswichtig sind, dienen selbst nach ihrem Tod noch der Andacht an Buddha.

Oben: Eine kleine Spalte im Eisfeld dient mir als Schutz vor Wind und Kälte, während ich darauf warte, dass die Wolken vorbeiziehen und das Blau des Himmels erneut freigeben.

Oben: Das Eis, auf dem ich stehe, ist so dick, dass man auch mit dem Auto darüber hätte fahren können. Sowohl der Manasarovar als auch sein salzhaltiger Nachbar Rakshastal sind heilige Orte. Über Stunden laufe ich über den See und genieße die Einsamkeit. Nur begleitet vom dumpfen Ächzen der Dehnung des Eises.

Seiten 148/149: Direkt zwischen den beiden großen Seen liegt das Kloster Chiu Gönpa in einem flatternden, bunten Meer voller Gebetsfahnen am höchsten Punkt des Felsenklosters. Wie ein Schwalbennest schmiegt es sich an den Berg zwischen den Ufern.

Rechts: Das lange Warten hat sich gelohnt: Nach einer tagelangen Schlechtwetterfront zeigt sich die Nacht sternenklar. Am darauffolgenden Morgen klettere ich den Berg hinauf, hinter mir liegt das Felsenkloster Chiu Gönpa vor dem Kailash.

Seiten 152/153: Strahlend und majestätisch liegt er vor mir, der heiligste aller Berge mit seinen schneebedeckten Flanken. Ich stehe auf 5080 Metern Höhe im Kloster Drirapuk.

MOUNT KAILASH

«Kein Ort ist wundervoller als dieser.»

ENDLICH BEGINNT DER TEIL meiner Expedition, dem ich schon so lange entgegenfiebere. Die beiden jungen Männer finden den vom Schnee bedeckten Pfad und laufen voraus. An einem der ersten wichtigen Gebetsplätze machen wir vor unzähligen Manisteinen und Gebetsfahnen halt und huldigen dem noch von Wolken verdeckten Gipfel des heiligen Berges. Wir falten unsere Hände vor der Stirn und vollziehen ein paar Niederwerfungen.

Durch das alte Tor, das den Beginn der *kora* symbolisiert, gelangen wir in das weite Tal. Mühsam kämpfen wir uns durch knietiefe Schneepassagen, während uns die dünne Luft und die schweren Rucksäcke zu schaffen machen. Am Fuße des Klosters Chöku Gönpa, das auf der linken Seite der Schlucht in den Fels gebaut wurde, machen wir halt.

Völlig überraschend treffen wir unten am vereisten Fluss auf eine Gruppe Nomaden, die es ebenfalls bis hierher geschafft haben und in ihrem urtümlichen Zelt auf besseres Wetter warten. Wir fragen, ob wir uns für eine Weile zu ihnen zu gesellen dürfen. Mit einer einladenden Geste werden wir augenblicklich herbeigewunken, und während sich der Rest schon an der Feuerstelle wärmt, nutze ich die Zeit, um das Felsenkloster zu erkunden. Ohne Rucksack steige ich, nur mit meiner Kamera ausgerüstet, die Flanke hinauf, bis vor die roten Mauern des Chöku-Tempels.

Am Horizont, weit über dem höchsten Punkt der vorgelagerten Schlucht, ragt der schneebedeckte Gipfel des Kailash hervor. Ich kann es immer noch nicht glauben, dass wir es als Erste in diesem Jahr wagen werden, die *kora* zu laufen. Nachdem wir uns alle ein wenig gewärmt und gestärkt haben, verabschieden wir uns dankbar von den Nomaden und ziehen weiter.

Nach einem uns ewig vorkommenden Abschnitt durch die Schlucht führt der beschwerliche Weg über riesige Eisfelder bis hin zum Kloster Drirapuk. Völlig erschöpft und mit Schmerzen in Schultern und Beinen erreichen wir am Abend das 21 Kilometer entfernte Kloster auf 5080 Metern Höhe. Die überraschten Mönche empfangen uns ehrfurchtsvoll und laden uns direkt zu sich in die warme Stube ein. Am Ofen, der den Raum mit einer schier betäubenden Hitze erfüllt, tauchen wir langsam ein in den entspannenden Dämmerzustand zwischen Traum und Wirklichkeit. Mit neugierigen Gesichtern reichen uns die Mönche den heißen, Energie spendenden Buttertee und amüsieren sich über meinen erbärmlichen Zustand. Stunden vergehen, bis sich der Körper halbwegs erholt hat und ich wieder einen klaren Gedanken fassen kann. Eine solche Reise ist für Tenzing und die anderen Sherpas ebenfalls kräftezehrend, aber im Vergleich zu mir erscheinen sie noch relativ frisch.

Am nächsten Morgen erkunde ich, immer noch spürbar erschöpft, die Gegend um das Kloster und bestaune eines der wohl meistverehrten Heiligtümer der buddhistischen Welt. Der Gipfel des Kailash präsentiert sich mir bei bestem Wetter in seiner ganzen Schönheit und Erhabenheit.

«Kein Ort ist wundervoller als dieser», soll der Yogi Milarepa (1052–1135) über den Kailash gesagt haben. Der Überlieferung zu-

Das Schwierigste an dieser Expedition? Die Grenzerfahrung für Geist und Körper. Über das Limit hinauszugehen, um mein Ziel zu erreichen!

York Hovest

folge erreichte er den Gipfel mithilfe eines Sonnenstrahls und lebte lange Zeit in völliger Abgeschiedenheit an seinem Fuße. Durch seine besondere Form und Lage gilt er als Zentrum des Universums. Seine schneebedeckte Gipfelpyramide auf 6638 Metern bildet die Mitte einer Landschaft, die mit ihren Seen und Flüssen an ein riesiges, von der Natur geschaffenes Mandala erinnert. Seiner Relevanz zum Trotz liegt der Kailash in einer der abgeschiedensten Regionen der Welt und ist aus Rücksicht auf seine religiöse Bedeutung unbestiegen. Selbst Reinhold Messner, dem bereits eine Erlaubnis vorlag, verzichtete aus ebendiesen Gründen.

Der spirituellste Ort Tibets ist nicht nur den Tibetern und allen gläubigen Buddhisten heilig, sondern auch den Anhängern des Hinduismus. Tausende Pilger weltweit versuchen in den Sommermonaten das Kailash-Gebiet zu erreichen. Die Richtung der Umrundung erfolgt dabei in Abhängigkeit von der Religionszugehörigkeit des Pilgers. Buddhisten und Hinduisten laufen im Uhrzeigersinn, Anhänger des Bön gegen den Uhrzeigersinn.

Zwischen zwei tiefer gelegenen Bergkuppen strahlt mir der vom ewigen Eis gekrönte Berg entgegen. Wir beschließen, eine weitere Nacht hierzubleiben. Kurz vor unserer Abreise am nächsten Morgen wird mir dann doch etwas mulmig. Der erste Abschnitt war schon extrem beschwerlich, und einer der schwierigsten Teile der Expedition steht bevor. In den frühen Morgenstunden verlassen wir gestärkt das Kloster und machen uns auf, durch die tiefschwarze Nacht hinauf in eisige Höhen zu steigen. Wir folgen dem heiligen Pfad um den Berg herum, um zum „Pass der Wiedergeburt" zu gelangen, Dolma-La auf 5655 Metern Höhe. Im Schein der Stirnlampe versuche ich, mit den mir vorauslaufenden Sherpas mitzuhalten. Schritt für Schritt geht es hinauf über den vom Eis bedeckten „Pfad der Reue".

Die ansteigende Höhe fordert ihren Tribut. Bei jedem quälenden Atemzug schmerzt die Lunge, als befänden sich Eiszapfen darin. Jedes Einatmen kostet Überwindung, obwohl man weiß, das der dringend benötigte Sauerstoff irgendwie in den Körper gelangen muss. In der dünnen Höhenluft ist ohnehin schon viel zu wenig davon vorhanden. Immer weiter geht es hinauf. Ab und zu erkennen wir Reste von Kleidungsstücken, die tief unten im Schnee vergraben liegen. Sie sind Opfergaben der Pilger.

Lange bevor das erste Tageslicht diese eisige Welt erreicht, ist der gewaltige Berg bereits präsent. Die Eiskuppen leuchten hell in der sternenklaren, dunkelblauen Nacht. Die schwierigste Passage liegt nun unmittelbar vor uns. Der Scheitelpunkt der *kora* ist auch gleichzeitig ein Wechselspiel der Gefühle. Als würde ich mich in einer Welt zwischen der Gegenwart und der Vergangenheit befinden, durchlaufe ich mein Leben gedanklich noch einmal, und alles, was mir lieb und teuer ist, schwirrt mir durch den Kopf. Ich folge wortlos den anderen und trotze in Gedanken versunken der beißenden Kälte. Zurück in Deutschland, habe ich mich gefragt, ob ich diesen steilen, anstrengenden Eispfad überhaupt geschafft hätte, wäre ich nicht wie in Trance gewesen. Womöglich hätte ich mich zu sehr auf die Schmerzen konzentriert, was vielleicht zur Aufgabe geführt hätte.

Oben: Das Türkis des vereisten Sees Kauri Kund, der in Tibet auch Tukje Chenpo Tso genannt wird, leuchtet uns aus dem Weiß des Schnees entgegen. Der Anblick dieser unwirklichen Szenerie ist die Belohnung für unsere Mühen, die nun größtenteils hinter uns liegen.

Die ersten wärmespendenden Strahlen erreichen den Gipfel und legen sich wie eine flammende Decke auf die Flanken des Berges.

Wir erreichen den Pass und sind vor Freude so erleichtert, das Tenzing und ich uns in den Armen liegen. Eine so emotional aufgeladene Reise hat auch er zuvor noch nie begleitet, gesteht er mir später. Als Tribut an den Berg schreibe ich einen kurzen Text auf einen weißen zeremoniellen Glücksschal, *kata* genannt, und befestige ihn an einem der Manisteine im Schnee. Ich will meine bösen Geister hier oben hinter mir lassen.

Von nun an geht es steil bergab bis zum Kloster Dzutrülpuk. Der Abstieg sorgt für brennende Schmerzen in den Beinen. Aus den Reserven unseres Proviantes bereiten wir uns im Kloster das Abendessen zu und fallen in einen tiefen Schlaf.

Das letzte Stück der *kora* bildet gleichzeitig auch den angenehmsten Abschnitt. Es führt in einem tiefer gelegenen Gebiet durch das Tal Zhong Chu. Eine Yakherde mit rund 100 Tieren kreuzt unseren Weg und wir beobachten gespannt die Hirten. Sie nutzen lange Lederschlaufen, mit deren Hilfe sie kleine Steine in Richtung der Tiere schleudern, um sie in die gewünschte Richtung zu treiben. Gemeinsam mit ihren Hunden bilden sie ein perfekt aufeinander eingespieltes Team. Nur eine Stunde später weckt ein rötlicher Fleck auf dem Eis mein Interesse und ich beobachte aus der Ferne, wie ein Wolf seine erlegte Beute verspeist.

Als wir schon die weiten Ebenen vor der Ortschaft Darchen erreichen, erkenne ich drei wie aus dem Nichts auftauchende Pilger in der Ferne. Wir legen eine Rast ein und warten ab. Es sind ältere Menschen, die sich in ständigen Niederwerfungen ihren Weg zum Anfangspunkt der Kailash-Umrundung bahnen. Viele Tibeter, mit denen ich auf meiner Reise gesprochen habe, bestätigten mir einhellig, dass es unzählige strenggläubige Pilger gibt, die die gesamte Strecke der *kora* von 54 Kilometern mit Niederwerfungen zurücklegen. Als wäre dies nicht schon unglaublich genug, gibt es zahlreiche Stimmen, die besagen, das sich einige von ihnen in jahrelanger Reise auf diese Art von Lhasa bis zum Kailash begeben haben.

Ich trete den drei uns entgegenkommenden Pilgern mit tiefen Verbeugungen entgegen, um ihnen meinen Respekt auszudrücken, und frage sie höflich, ob ich das ein oder andere Foto machen darf. Tenzing unterhält sich lange mit ihnen und bietet ihnen Tee und Proviant an. Sie tragen die typische schwere lederne Schürze, die den Unterleib vor Kälte und Schürfwunden schützt. An Knien, Händen und manchmal auch an der Stirn erkenne ich ebenfalls Polsterungen. Hab und Gut tragen die meisten in einem großen Beutel auf dem Rücken. Sie sind von den Strapazen gezeichnet, machen aber trotz der fortdauernden Anstrengung einen durchaus glücklichen Eindruck.

Mindestens ebenso glücklich erreichen wir nach Vollendung unserer *kora* den Ausgangsort Darchen und freuen uns über die halbwegs warme Behausung. Hier werden wir uns von der Mühsal der letzten Tage ein wenig erholen, bevor wir das gesamte Gepäck wieder im Jeep verstauen und Darchen in Richtung Westen verlassen.

Seiten 156/157: An den Chörten des Klosters Drirapuk entstand diese Aufnahme des Kailash. Er ist für mich einer der unnahbarsten Berge der Welt. Eine magische Aura scheint ihn zu umgeben, vielleicht der Tatsache geschuldet, dass er noch unbestiegen ist.

Oben: Grasende Yakherde am Fuße des Berges. Von hier aus beginnen wir die *kora*, die uns auf 54 Kilometern rund um den Kailash führt.

Rechts: Während der ersten Etappe unserer Umrundung treffen wir auf einige Nomaden, bei denen wir eine kurze Rast einlegen und uns am Feuer aufwärmen.

Oben: Eine Pilgerstätte auf dem Weg zum Kailash: Unzählige Yakschädel und Manisteine säumen diesen Platz, der von zwei Chörten begrenzt wird. Es ist das Werk von Abertausenden Tibetern, die hier ihre Glaubensbekundungen für alle Ewigkeit hinterlassen haben.

Oben: Während mein Team noch unten am zugefrorenen Fluss rastet, entscheide ich mich für einen weiteren Aufstieg. Mühsam gelange ich im Alleingang zum Kloster Chöku Gönpa in einer Schlucht am Fuße des Kailash.

Oben: Vor dem berühmten Kailash thront das am Fels gebaute Kloster Chiu Gönpa über der weiten Landschaft. Der Stolz auf dieses Bild ist nicht unbegründet, habe ich doch so viele Tage in Ungewissheit verbracht, nicht wissend, ob sich das Wetter bessern würde.

Oben: Die Vielfalt der Gesteinsschichten im Transhimalaja scheint schier unendlich und erinnert mich an eine Pastellmalerei.

Rechts: Bei dieser Aufnahme begeistert mich die Schlichtheit des Motives, das allein durch seine Grafik und die Kontraste besticht. Linien, die sich durchs Bild ziehen, wie die Straße nach Guge, die sich am Berg entlangwindet.

Seiten 166/167: Die unendlichen Weiten des Hochlandes von Tibet bieten vielerlei Tieren einen großzügigen Lebensraum. Zahllose Yakherden ziehen über die Hügelketten und bilden mit ihren schwarzen Körpern einen starken Kontrast zum einheitlichen Beige der Landschaft. Ich bin immer wieder begeistert von der Detailgenauigkeit meiner Leica-Kamera. Die perfekte Abstimmung von Blende und Belichtungszeit geben dieser Aufnahme eine unglaubliche Tiefe.

Rechts: Was einst seinen festen Platz hatte, liebevoll von Mönchen in kleine Fächer sortiert, liegt heute verstreut und dem Verfall preisgegeben auf dem Boden. Der Anblick schockiert mich noch heute, wenn man bedenkt, dass etwa 6500 Klöster und Tempel zerstört worden sind.

Seiten 170/171: Ein Riss in der Wand lässt mich neugierig werden. Zwei Stunden später kehre ich mit einzigartigen Fotos im Gepäck zurück zu meinem Team, das schon ungeduldig auf mich wartet.

GUGE, DAS VERSCHWUNDENE REICH

Geheimnisvolle Zeitzeugen im Fels

Wir verlassen das Schneejuwel Tibets und machen uns auf in Richtung Guge, dem alten Königreich mit seiner legendären Felsenstadt Tsaparang.

Die Überreste des einst blühenden Reiches liegen auf 3600 Metern auf dem tibetischen Hochplateau. Es wurde im 11. Jahrhundert vom letzten König der Yarlung-Dynastie gegründet und umfasste zu seiner Hochzeit eine Fläche, die sich über die heutigen Gebiete von Ngari und Zanskar sowie Teilen von Kinnaur und Lahaul ausdehnte. Zwei Jahrhunderte lang war es religiöses Zentrum des Himalaja-Buddhismus, bevor es im Jahr 1630 spurlos verschwand.

Die berühmtesten Stätten der Region sind die Höhlen und Tunnel nahe Tsamda. Die in den Fels gehauene Stadt Tsaparang gehört zu den wichtigsten Orten des ehemaligen Königreiches. Uralte Wandmalereien erzählen noch heute von der Geschichte eines großen Reiches, das berühmt war für seine atemberaubenden Kunstwerke und reichen Schätze. Ein weiterer bedeutender Platz Guges war das Kloster Tholing, das neben Tsaparang als zweite Hauptstadt fungierte. Aufgrund seiner Farbe wird das Kloster auch „Roter Tempel" genannt.

Auf unserem Weg dorthin weisen uns Einheimische immer wieder darauf hin, dass noch zu viel Schnee auf den Pässen läge, und raten uns, umzukehren. Geduldig warten wir ab und ziehen die Etappe ein wenig in die Länge. Das Wetter erweist sich jedoch als gnädig und lässt die schweren schneebeladenen Wolken weiterziehen, die seit Tagen schon den Himmel verdunkeln.

Mit der Kraft der Sonne schmilzt langsam die Schneewelt um uns herum und präsentiert uns allmählich ihre Farbenpracht. Durch verschiedenste Mineralien leuchten die Gesteinsschichten in den unterschiedlichsten Schattierungen. Auf über 5550 Metern halten wir an, um die einzigartige Canyonlandschaft am Sutlej zu bewundern. Bis zum Horizont reichen die zerklüfteten Felsen, die mich fast vergessen lassen, dass ich mich in Tibet befinde. Inmitten dieser Welt aus Schluchten, Lehm und Fels lag irgendwo das untergegangene Königreich Guge.

Der Fluss Sutlej, der später in den Indus übergeht, hat sich hier im Laufe der Jahrtausende ein einzigartiges, zerklüftetes Tal geschaffen. Auf dem Dach der Welt erschloss sich mir eine Vielfalt der Natur, die an Schönheit alles übertraf, was ich zuvor auf der Welt gesehen habe. Schon fast unecht wirkende Kontraste schaffen ein unglaubliches Wechselspiel für die Augen.

Nach einigen Hundert Kilometern erreichen wir schließlich eine kleine Militärstadt. Kritisch werden wir beäugt, als wir durch die Schranke hineinfahren, um eine kurze Pause einzulegen und die Vorräte aufzustocken. Meine große Leica lasse ich lieber im Rucksack, als ich die vielen patrouillierenden Polizisten sehe. Ich frage mich, was der Grund für ein so großes Militäraufgebot sein könnte. Vielleicht spielt die strategische Lage zur Grenze nach Indien eine Rolle. Auf jeden Fall fühlen wir uns nicht willkommen und fahren schnell weiter. Von hier aus ist es nur noch eine gute halbe Stunde, bis wir die Region um Tsaparang erreichen.

Der Körper kann eingesperrt und versklavt werden, nie jedoch der menschliche Hunger nach Freiheit.

Dalai Lama

Unterwegs hält mich die Landschaft in ihrem Bann. Keine Minute vergeht, in der ich nicht draußen in der Ferne etwas finde, was uns zu einem neuen, kleinen Abenteuer führen könnte. Ein Riss in einer steilen Wand weckt mein Interesse, die unwirkliche Gegend zu erkunden. Und wieder muss mein Fahrer eine Zwangspause einlegen, in der ich für ungewisse Zeit das Auto verlasse. Doch es lohnt sich. Wir finden eine Höhle, die vermutlich durch die Kraft des Wassers aus höher gelegenen Teilen der Berge aus dem Gestein gewaschen wurde. Immer weiter klettere ich mit meinem Sherpa hinein in das dunkle Loch, über einem glitschigen, halb vereisten Flusslauf. Mein Entdeckerdrang ist geweckt und auf allen vieren krieche ich weiter, bis der enge Weg nach oben von einem Eisüberhang versperrt wird.

Am frühen Abend erreichen wir am Ufer des Flusses Sutlej einen kleinen Hof, dessen Hausherr uns für die kommende Tage Unterkunft gewährt. Von hier aus sind es nur noch eineinhalb Stunden Fußmarsch bis zu den Ruinen von Guge.

Kein Wunder also, dass ich es nicht abwarten kann und am nächsten Morgen bereits vor Sonnenaufgang aufbreche, um rechtzeitig mit den ersten Sonnenstrahlen das perfekte Foto zu schießen.

Der majestätische Ruinenberg von Tsaparang gehört zu den imposantesten Kulturzeugnissen Tibets. Mit einer Gesamtfläche von über 700 000 Quadratmetern übersteigt die rund 300 Meter hoch gelegene Königsstadt mit ihren Abertausenden Höhlen und unterirdischen Gängen unsere Vorstellungskraft einer üblichen Behausung. Wir können kaum glauben, das einst Tausende Menschen in diesem komplexen System vieler miteinander im Berg verbundener Höhlen lebten. Steile, teils winzige Gänge erstrecken sich in alle Richtungen und durchlöchern förmlich den Fels. Ein Abenteuer ohnegleichen, als wir mit unseren Stirnlampen stundenlang im Inneren des dunklen Labyrinthes auf Entdeckungsreise gehen.

Auf dem Weg nach ganz oben erforschen wir die mysteriösen Tunnelgänge, die sich tief ins Innere des Gesteins verzweigen. Tenzing erklärt mir, dass hier im mittleren Teil des Berges einst die Kaufleute und Mönche lebten, während in den höher gelegenen Höhlen die Adeligen näher am Königspalast wohnten, der als oberstes Bauwerk über der Stadt thronte. Der untere Teil der Anlage beherbergte das einfache Volk, die Arbeiter und Bauern. So manifestierte sich die hierarchische Rangfolge unter der Herrschaft des Königs ebenfalls in der Aufteilung im Berg.

Der einzig noch erhaltene Tempel der Anlage befindet sich direkt unterhalb des Berges. Im Inneren jedoch schockiert uns der Anblick dessen, was von den einstigen Kulturschätzen übrig geblieben ist. Es scheint, das blinde Zerstörungswut hier ihr Ventil gefunden hat: Die kunstvollen alten Malereien sind an den zerschlissenen Wänden nur noch in Fragmenten zu erkennen. Einzelteile der seinerzeit meterhohen Gottheiten liegen überall verstreut herum. Der Boden ist übersät mit Millionen kleiner Papierfetzen – zerknüllte Gebetstexte, wo man nur hinschaut. Der Anblick macht mich wütend, doch ändern kann ich das Geschehene nicht mehr. Und so bleibt mir nur meine Kamera, mit der ich alles festhalten kann.

Oben: Hoch oben von meinem Aussichtspunkt verschaffe ich mir einen Überblick über die gewaltige Anlage von Tsaparang. Es ist deutlich zu erkennen, wie Wind und Wetter die bereits zerstörten Mauern weiter abtragen und vielleicht schon in naher Zukunft für immer verschwinden lassen.

Guge war einst Zufluchtsort vieler buddhistischer Gelehrter und Künstler aus ganz Asien, die der zunehmenden Islamisierung entkommen wollten. Die Überreste der uralten Wandmalereien zeugen noch heute von der Vielfalt der hier ansässigen ethnischen Gruppen. Drei lange Tage erforschen wir eine Welt aus geheimen Höhlen und Kultstätten vergangener Zeit.

Unweit von Tsaparang stoßen wir auf Umwegen auf ein Loch im Fels, das ich von unserem Weg aus gesehen habe. Als wir den steilen Anstieg zu den ersten Öffnungen geschafft haben, betreten wir die kleinen Höhlen. Dutzende menschlicher Gebeine liegen in einer Vertiefung. Zwischen den Körperteilen erkenne ich unzählige kleine Tonfiguren. Diese sogenannten *tsa-tsas* ähneln in ihrer Bedeutung den größeren Manisteinen und werden von Gläubigen meist zu besonderen Anlässen hergestellt. Als Opfergabe findet man sie an vielen der heiligen Plätze. Bei späteren Recherchen fand ich heraus, dass es sich bei der Höhle womöglich um das Grab des letzten Königs von Guge handeln könnte. Wie viele der Gebeine aus jüngerer Zeit stammen, ist allerdings nicht mehr nachzuvollziehen. Ein beklemmendes Gefühl stellt sich ein und wir lassen die Toten ruhen.

Ein kleines Stückchen weiter bergauf befindet sich die nächste Höhle, von der aus Tenzing schon aufgeregt nach mir ruft. Eilig klettere ich die Felsen zu ihm hinauf und zwänge mich zu ihm in die schmale Kammer. Was wir hier entdecken, verschlägt mir die Sprache. Vor uns ist ein kleiner, provisorischer Schrein aufgebaut, bestückt mit Dutzenden Bildern Seiner Heiligkeit, dem 14. Dalai Lama. Ich bin überwältigt. Liebevoll sind Zeitungsausschnitte, Fotos und Ketten überall drapiert. Dazu kommen wieder die kleinen handgemachten Tonfiguren und Buddhastatuen. Wir betrachten unseren Fund mit Ehrfurcht und ich mache schnell ein paar Bilder, bevor wir zum Auto zurückkehren. Keiner von uns verliert auch nur ein Wort über das soeben Erlebte, doch innerlich zittere ich vor Aufregung.

Obwohl Guge letztendlich aus nicht viel mehr als den traurigen Resten eines einst stolzen Königreiches besteht, haben sie uns in eine andere Zeit zurückversetzt. Jeder Winkel, jede Höhle muss begutachtet werden, in der Hoffnung, irgendwo ein Überbleibsel zu finden von dieser verschwundenen Kultur und ihrer Geschichte.

Die entscheidende Frage bleibt aber: Welche Umstände haben zum Untergang eines der wirtschaftlich stärksten Zentren Tibets mit all seinen Reichtümern geführt? Die Antwort beschäftigt Wissenschaftler seit vielen Jahren und die bis dato vorherrschende Meinung geht von einem Streit zwischen zwei Brüdern aus, dem letzten König Guges und dem obersten Mönch des benachbarten Klosters Tholing. Tholing gehörte seinerzeit zu den einflussreichsten Stätten Tibets und galt als Verfechter des buddhistischen Glaubens. Doch als sich der König nach dem ersten Kontakt zum Christentum diesem zuwandte, empfand sein Bruder dies als Verrat an ihrer Religion und verbündete sich mit der feindlichen Armee des buddhistischen Königreichs Ladakh. Nach Monaten des Krieges und der Belagerung war letztendlich der Untergang der Königsfamilie und des Königreichs Guges besiegelt, so heißt es.

Seiten 174/175: Noch in der Dunkelheit breche ich allein auf, um die ersten Sonnenstrahlen einzufangen. Kristallklar präsentiert sich mir kurz darauf der Ruinenberg im Licht der aufgehenden Sonne. Die monumentale Anlage Tsaparang liegt 300 Meter hoch und lässt ihre einstige Bedeutung erahnen.

Oben: Stundenlang klettern wir durch die verzweigten Gänge und Wege im Höhlensystem von Tsaparang. Ein gefährliches Unterfangen, hätten wir keine Stirnlampen dabei. Immer wieder stoßen wir in der Dunkelheit auf Sackgassen oder zugeschüttete Passagen, die uns zur Umkehr zwingen.

Rechts: Direkt vor meinen Füßen geht es etwa 300 Meter in die Tiefe. Die Felsen um mich herum wirken zwar auf den ersten Blick massiv, doch wir hören immer wieder die Geräusche von herabstürzenden Steinen. Die stacheligen Sträucher am Grund der Schlucht blühen in einem unwirklichen Lila.

Oben: Die unendlich erscheinende Canyonlandschaft von Tsamda: Unser Blick reicht weit über die Grenzen Tibets hinaus bis nach Indien. Am Horizont erheben sich die imposanten Gipfel des Himalajas.

Seiten 180/181: Nahezu senkrecht ragen die Steilwände des Ruinenberges Tsaparang in den Himmel. Ein komplexes Labyrinth miteinander verbundener Höhlen durchlöchert das Gestein wie einen Termitenhügel.

བྱང་པ་

NORDTIBET

Seiten 182/183: In den Weiten des Naturreservats Changthang: Die karge Fauna und das raue, launische Klima lassen es auf den ersten Blick unbewohnt erscheinen. Bei näherem Hinsehen erkennt man, wie artenreich diese Region Tibets ist. In der Ferne haben wir bereits die ersten Wildesel (*kiang*) entdeckt.

6000 m

5100 m

4200 m

0 m

NORDTIBET

Ein Naturparadies in eisigen Höhen

Der nördliche Abschnitt meiner Reise umfasst das Gebiet des Naturreservats Changthang. Der Landstrich gehört zu den kargsten Tibets und ist nahezu unbewohnt. Eingeschlossen von Gebirgsketten wie dem Transhimalaja und dem Kunlun Shan, wird das Changthang trotz seiner durchschnittlichen Höhe von über 4500 Metern immer noch als Ebene bezeichnet.

Die weiten Steppen, die das Bild der Region prägen, sind aufgrund der vorherrschenden extremen Klimabedingungen hohen Temperaturschwankungen ausgesetzt. Während es im Sommer bis zu 20 Grad warm werden kann, liegt die jährliche Durchschnittstemperatur um den Gefrierpunkt. Das hat dazu geführt, dass sich nur wenige Menschen angesiedelt haben. Lediglich ein paar Nomadenstämme leben an den Ufern der Salzseen, wo sie etwas Landwirtschaft betreiben und ihre Viehherden grasen lassen.

Im Sommer bietet das Changthang-Gebiet Nahrung für unzählige Tierarten, darunter die seltene Tibetantilope, das *kiang* (Wildesel), der Pfeifhase sowie die Tibetgazelle. Viele Vogelarten wie Schwarzhalskranich und Streifengans sind besonders in der Nähe der großen Seen beheimatet. Im Winter jedoch, wenn sich die spärlichen Graslandschaften in trockene, wüstenähnliche Einöden verwandeln, bleiben nur die genügsamen Flechten als Futterquelle. Mit seinen über 400 000 Quadratkilometern gehört das Hochplateau zu den letzten großen zusammenhängenden Wildnisgebieten unserer Erde.

0 km
100
Changthang
Pangang Tso
Rutok
Rutok
Sênggê Tsangpo
Napuk
Gertse
Tholing
Tsamda
Tsaparang
Sutlej
Kangrinboqê
[Kailash]
6638 m
Drirapuk Gönpa
Chöku Gönpa
Darchen
Dzutrülpuk Gönpa
Chiu Gönpa
Rakshastal
Manasarovar
Gurla Mandhata
7694 m
Purang
Drongpa Tradun
Raga
Saga
NEPAL
Lo Manthang
[Mustang]
Jomsom
Dzongka
Dhaulagiri
8167 m
Annapurna
8091 m
Machapuchare
6997 m
Shishapangma
8021 m
Pokhara
N
NE
E
SE
S
SW
W
NW

Rechts: Vereiste Seen sind im Winter keine Seltenheit. Ein großer Teil der Hochebene des Changthang zählt zu den Permafrostgebieten, deren Böden ab einer gewissen Tiefe das ganze Jahr über gefroren sind. Ein einzelner langer Spalt kündet vom ersten Aufbäumen des Frühlings. Ob er in diesem Jahr den Kampf gegen das Eis gewinnen wird, ist ungewiss.

Seiten 188/189: Die verschiedenen Schattierungen der Berge faszinieren mich überall in Tibet. Wir folgenden der anfänglichen Schotterpiste, die uns mitten durch das berühmte Changthang bringen soll. „Richtige" Straßen gibt es an diesem Punkt meiner Reise schon lange nicht mehr, und so können wir bald nur den Spuren folgen, die andere Fahrzeuge hinterlassen haben.

IM NATURRESERVAT CHANGTHANG

Von wilden Yaks, Tibetantilopen und kiangs

Die letzte Etappe meiner Reise beginnt. Wir verlassen die Ruinen von Guge und folgen der Straße Richtung Norden, die uns in das Grenzgebiet zu Pakistan und Indien führt. Unweit einer kleinen, vom Militär als Stützpunkt genutzten Stadt namens Rutok, hoch oben im nordwestlichsten Teil Tibets, erweckt ein altes zerstörtes Kloster mein Interesse.

Es ist bitterkalt und die seit Tagen anhaltenden Sand- und Eisstürme machen uns schwer zu schaffen. Während sich mein Team im Schutz einer alten Kaserne erholt, wage ich zusammen mit meinem Fahrer einen Ausflug zu der am See gelegenen Ruine. Er bleibt stets im Auto, indes mache ich mich zu einem neuen Motiv auf und zeige keine Scheu, den Bewachern der Klosteranlage ein freundliches „*Tashi Deleg*" zuzurufen. Trotz meiner Versuche, mich unauffällig zu verhalten, um auf die etwa 60 Meter hohe Anlage zu gelangen, werde ich recht unfreundlich dazu aufgefordert, kehrtzumachen. Folglich darf ich die Ruine nicht besichtigen, doch es bleibt mir der Rückweg, der mich durch einen komplizierten Umweg schließlich doch noch auf den Gipfel des alten Klosters bringt. Oben angekommen, präsentiert sich mir ein atemberaubender Blick auf die vorgelagerten Berge, eine Szenerie, verwunschen und magisch zugleich. Ich beeile mich, ein paar verbotene, aber mir wichtige Aufnahmen vom Kloster zu machen.

Wenige Stunden später stoßen wir, zurück im Dorf, auf den Rest meines Teams und beschließen, dass wir eine weitere Nacht in der Nähe verbringen werden. Auf der Suche nach einem geeigneten Lagerplatz fahren wir ein Stück weit in Richtung des Sees Palgon. Es geht durch staubige Sandpassagen, die unseren Jeep in meterhohen Wolken verschwinden lassen.

Am Seeufer treffen wir wieder auf Nomaden, die hier Quartier bezogen haben, und fragen, ob wir etwas Zeit bei ihnen verbringen dürfen. Sofort lädt man uns ein, sich auf eine Tasse Buttertee zu setzen. Von allen Seiten kommen die Familienmitglieder herbei, um mich anzuschauen. Im Moment weiß ich nicht, wer hier der Beobachter und wer der Beobachtete ist. Während wir alle am wärmenden Feuer sitzen, erkundige ich mich vorsichtig, ob es ihnen recht sei, wenn wir unser Lager in der Nähe aufschlagen würden. Tenzing übersetzt wie schon so oft meine Worte ins Tibetische, und erleichtert lese ich in den Gesichtern, das hier niemand etwas dagegen hat.

Später am Abend errichten wir also unser kleines Lager gleich neben dem Nomadenzelt. Die eisige Kälte, die ich dank der Wärme des Feuers fast vergessen hätte, zieht jetzt mit rasender Geschwindigkeit in jeden Knochen. Ich muss mich beeilen, mit Tenzing zusammen das kleine Hightech-Wunder aufzubauen, denn sonst werden die Finger so steif, dass ich sie für Stunden nicht mehr würde bewegen können. Am Ende ist es geschafft, und wir liegen zitternd in unseren Schlafsäcken. Es dauert immer viel zu lange, bis sich durch das Ausbreiten der eigenen Körperwärme eine auszuhaltende Temperatur einstellt. Bis dahin heißt es Zähne zusammenbeißen.

Am nächsten Morgen werden wir viel zu früh von anhaltendem Hundegebell geweckt. Die Männer der Gruppe treiben ihr Vieh hin-

Wir müssen das zarte Netz des Lebens behüten und ihm erlauben, sich zu regenerieren.

DALAI LAMA

aus in die Steppe. Die Hunde sind zwar nicht als Hirten im Einsatz, doch sie halten Räuber wie verwilderte Artgenossen und Wölfe auf Abstand, die in der kargen Region gern auch in die Nähe der Menschen kommen. Während wir uns noch langsam und steif gefroren aus unsren Zelten quälen, ist das Nomadenleben schon in vollem Gange. Ich nutze die Chance und begleite eine ältere Frau bei ihrer Arbeit mit den Ziegen.

Mit sicherem Griff sammelt sie die Zicklein, die in einem kleinen, von Steinmauern umrahmten Gehege herumlaufen, ein. Ich frage mich, wo sie mit ihnen hinwill, bis ich ein rundes Loch im Boden entdecke, in dem sich bereits einige der Tiere befinden. Nacheinander landen alle jungen Ziegen in dem Loch. Als das Erdloch randvoll mit kleinen meckernden Zicklein ist, sehe ich, wie die Nomadin mit einem Muttertier zurückkommt, das sich am Rand der Grube niederlässt und die Kleinen säugt. Jetzt wird mir einiges klar. Um sicherzustellen, dass wirklich alle Jungtiere ihre gerechte Portion Milch abbekommen, werden sie auf diese Weise gefüttert und haben optimalen Schutz vor der Kälte.

Wir setzen unsere Fahrt fort und fahren weiter querfeldein in Richtung Osten. Die letzten groben Schotterpisten enden schließlich auf losem Untergrund ohne jegliche sichtbare Fahrspur, so dass wir teilweise nur noch mithilfe unseres GPS navigieren können.

Vor uns liegen 1200 Kilometer Offroad-Strecke. Es gibt so gut wie keine Wege, denen wir folgen können, und müssen uns unseren Weg größtenteils selbst suchen. Den schweren Allrad-Jeep haben wir zuvor am letzten Checkpoint mit weiteren Benzintanks und genügend Proviant wie Wasser, Keksen, Fertigsuppen und getrocknetem Fleisch beladen.

Das Changthang-Gebiet ist für seine schnellen Wetterwechsel bekannt, und wir müssen für alle Eventualitäten gerüstet sein. Zumal das Land immer noch unter den Auswirkungen des langen harten Winters leidet. Mühsam, aber voller Abenteuerlust dringen wir immer tiefer in eine der abgelegensten Regionen Tibets vor. Wir wollen unser Augenmerk vor allem auf die vielfältige Tierwelt legen, die im Changthang ein optimales Rückzugsgebiet gefunden hat.

Wir fahren an malerischen Seen vorbei, deren Zugvogelkolonien in den Sommermonaten die Ufer bevölkern. In den Wintermonaten wird sich ihre Zahl auf gut ein Zehntel reduzieren, denn die meisten von ihnen ziehen in der kalten Jahreszeit weiter Richtung Süden. Darunter treffen wir wieder auf den seltenen Schwarzhalskranich und die Streifengans, die zu den Höhenfliegern unter den Vögeln zählt. Die Tiere mit ihren beiden seitlich am Kopf verlaufenden Querstreifen vermögen es, in einer Höhe von mehr als 9000 Metern und einer Temperatur weit unter null Grad zu fliegen.

Aufgrund der Artenvielfalt ist ein großer Teil des Changthang in den 1980er Jahren zu einem Naturschutzgebiet erklärt worden. So haben auch Tiere wie der selten gewordene Tibetbraunbär und der Schneeleopard eine Chance, zu überleben. Es ist aber eher unwahrscheinlich, diese scheuen Räuber zu Gesicht zu bekommen. Dafür hoffen wir, *kiangs* und wild lebende Yaks beobachten zu können.

Oben: Tibetantilopen auf den kargen, felsigen Böden der Hochebene. Man fragt sich, wie die Region ihnen genug Futter bieten kann. Entgegen allen Vermutungen beherbergt das Changthang eine Vielzahl an Wildtierarten.

Aber auch sie ziehen sich bei den hier herrschenden ungemütlichen Temperaturen an geschützte Orte zurück. Durch die extremen Temperaturunterschiede auf dem Hochplateau, die teilweise bis zu 50 Grad betragen, ist das Wetter sehr wechselhaft und unberechenbar. Einsetzender Schneefall kann schlagartig einen Temperatursturz auf bis zu minus 30 Grad verursachen.

Ich genieße die unglaubliche Weitsicht und muss gar nicht lange auf die ersten Tiere warten. Am Morgen des zweiten Tages entdeckt Tenzing plötzlich einige kleine dunklere Flecken auf der Ebene vor uns. Ich muss ein paarmal blinzeln, bis ich sie sehe. Einige Minuten später sind die Tiere besser zu erkennen und unser Fahrer bringt den Jeep langsam zum Stehen. Vor uns, etwas abseits der Straße, grasen etwa 20 Tibetgazellen den kargen Steppenboden ab. Behutsam und so leise wie möglich verlasse ich das Fahrzeug. Noch ein Stückchen näher ran, denke ich, doch schon haben mich die scheuen Tiere bemerkt. Wenn ich noch dichter heranginge, würden sie flüchten. Die Freude über die erste Begegnung mit wild lebenden Tieren im Naturreservat genügt momentan, und so begnüge ich mich mit den Aufnahmen, die ich aus etwa 50 Metern Entfernung machen kann.

In den nächsten Tagen erwarten mich weitere unbeschreibliche Momente, und ich bin überglücklich, dass ich den Artenreichtum des berühmten Naturreservats Changthang mit eigenen Augen zu sehen bekomme. Gazellen an gefährlichen Steilhängen, unzählige Hasen und immer wieder Herden von *kiangs* kreuzen unseren Weg. Doch die Begegnung, die mich am meisten beeindruckt hat, war die mit einem wilden Yak. Selten habe ich eine so stolze Kreatur gesehen, die fast regungslos in meine Kamera blickt. Wenn man bedenkt, das die Tiere hier keine natürlichen Feinde haben und mit ihrem muskelbepackten Körper durchaus aggressiv sein können, war die Aufnahme für mich ein reines Nervenspiel. Außerhalb des schützenden Autos kommt man sich selbst als 1,90 Meter großer Mann bedeutungslos vor gegen ein solches Kraftpaket, das mit seinem schweren Fell ein Gewicht von über einer Tonne erreichen kann. Die Intensität des Augenblickes hat mich schier umgehauen, denn ich hätte es mir niemals träumen lassen, so nah an ein solch wildes Tier heranzukommen.

Dieser Teil Tibets mit seiner faszinierenden Natur und der einzigartigen Tierwelt verdient zu Recht den Status eines Naturreservats. Bleibt zu hoffen, dass sich die Situation in Zukunft auch nicht durch die reichen Rohstoffvorkommen an Uran, Erz, Gold, Öl und Gas ändern wird.

Allmählich geht meine Reise durch dieses wunderbare Land zu Ende, und langsam treten wir den Rückweg an, der uns über den Friendship Highway wieder zurück nach Nepal bringen wird. Wir verlassen die Changthang-Region und halten ein letztes Mal vor den Achttausendern des Himalajas am Lhalung-La-Pass. Hier sage ich dem Dach der Welt Lebewohl und hoffe, dass ich irgendwann einmal zurückkehren kann. Die Erfahrungen und Erlebnisse in Tibet und mit den Tibern werden mich mein Leben lang begleiten und haben mir gezeigt, wie sehr Land und Leute mit ihrer Tradition verbunden sind. Ich bin froh, diese Erfahrungen mitnehmen zu dürfen.

Seiten 192/193: Dieses mächtige Wildyak fotografierte ich durch mein 180-mm-Objektiv aus etwa 30 Metern Entfernung. Keinen Schritt weiter wollte ich angesichts seiner imposanten Erscheinung gehen. Mit einem Gewicht von bis zu 1200 Kilogramm und einer Rumpflänge von drei Metern können die durchaus aggressiven Bullen ziemlich gefährlich werden.

Oben: Während der Fahrt durch das Naturreservat durchqueren wir auch einige Bergketten. Hier konnten wir eine Herde Tibetgazellen beobachten, die uns mit ihren enormen Kletterkünsten beeindruckten. Selbst die Kleinsten von ihnen turnten schon mutig in den steilen Felswänden herum.

Oben: Das malerische Tibet, wie ich es lieben gelernt habe. Diese Aufnahme habe ich während einer der vielen kurzen Pausen gemacht, nicht ahnend, welch wundervolles Motiv vor meinen Augen entstehen würde.

Seiten 196/197: Die extremen Wetterbedingungen auf der Hochebene führen oft zu solch beeindruckenden, aber auch gefährlichen Stürmen: gefrierender Regen, der vom Wind wie ein Wirbelsturm über das Land getragen wird. Ich war so beeindruckt von der Schönheit der Szenerie, dass ich am liebsten geblieben wäre. Doch kurz nach dieser Aufnahme mussten wir Schutz vor dem Sturm suchen.

Seiten 198/199: In der Nähe der Geysire und heißen Quellen sind die Böden fast eisfrei. Gelbe Schwefelablagerungen ziehen sich hinab bis zum kleinen Bach und bilden bunte Bänder auf dem Boden. Hier befindet sich auch einer der Waschplätze der Nomaden. Die Frauen kommen täglich her, um ihre Wäsche zu waschen.

Oben: Diese Pferde entdeckte ich mitten im Nirgendwo. Um welche Art von Wildpferd es sich handelt, konnten mir selbst Experten der Universität Cambridge nicht endgültig beantworten, denen ich meine Fotos schickte. Es könnte sich bei den Tieren um eine eigenständige Unterart handeln, die bisher noch nicht bekannt war.

Rechts: Diese Tibeterin traf ich inmitten einer Nomadengruppe, bei der wir unser Lager aufschlugen. Die Gastfreundschaft und Freundlichkeit, mit denen uns die Menschen immer wieder begegnet sind, haben mich stets tief berührt. Das Porträt spiegelt diese Herzlichkeit und Offenheit sehr gut wider.

Seiten 202/203: Das Einsammeln der Zicklein gehörte zum täglichen Ritual der Tibeterin. Sie werden in ein kleines Erdloch gesetzt, um sich aneinandergekuschelt vor der nächtlichen Kälte schützen zu können. Lediglich ein rundes Holzbrett, aus dem das Meckern der Jungtiere ertönt, lässt darauf schließen, wo sie untergebracht sind.

Oben: Das Zelt der Nomadenfamilie besteht aus gewebtem Yakhaar, ebenso die Schnüre, die es halten. Zur Stabilisierung werden lange Holzstangen benutzt, die aufgrund ihres seltenen Vorkommens zu den wertvollsten Besitztümern der Nomaden gehören. Sie werden teilweise von Generation zu Generation weitergegeben.

Rechts: Die Gebetsmühle ist neben den Gebetsketten das am häufigsten zu beobachtende religiöse Utensil der Tibeter. Durch das permanente Drehen der Mühlen wird eine unter der Spindel liegende Knochenscheibe langsam durchgerieben. Die so entstandenen Ringe werden dann an einer Kette um den Hals getragen. Doch wie viele Jahre es dauert, bis eine Scheibe durchgerieben ist, konnte mir kein Tibeter mit Gewissheit beantworten.

Seiten 206/207: Riesige, zugefrorene Eisseen sind keine Seltenheit im Norden Tibets. Wind und Wetter formen im Laufe des Winters bizarre Gebilde an ihren Rändern. Die Vergänglichkeit dieser Schönheit war für mich immer wieder Anlass genug, sie zu fotografieren.

Seiten 208/209: In den tiefer gelegenen Regionen des Naturrreservats Changthang sind einige Gewässer bereits teilweise vom Eis befreit. Auch der spärliche Pflanzenwuchs kündigt schon vom nahen Frühling. Die steigenden Temperaturen reichen jedoch meist nicht aus, um auch die unteren Erdschichten aufzutauen. Permafrostboden ist daher keine Seltenheit.

Oben: Die lebhaften Tibetgazellen bekomme ich mittlerweile häufiger zu Gesicht. Die genügsamen Tiere leben von den kurzen Gräsern und Flechten, die auf dem kargen Boden wachsen. Diese Aufnahme gelang mir gleich in den ersten Woche unserer Tour durch das Naturreservat.

Oben: Die Ruine auf einem Berg nahe Rutok steht symbolisch für eine Zeit der Zerstörung in Tibet, die dem Land einen Großteil seiner Kulturgüter genommen hat. Die Überreste dieses Klosters thronen noch immer auf der Bergkuppe hoch über dem See und verleihen dem Panorama einen Hauch von Mystik.

Seiten 212/213: Eine Herde *kiangs* in den Steppen des Changthang. Die Eselsart ist in ganz Tibet beheimatet und auf dem Hochplateau zahlreich anzutreffen. Auch wir hatten oft die Gelegenheit, die Tiere in ihrer natürlichen Umgebung zu beobachten.

EPILOG

In uns allen schlummert der Wunsch, die Chance zu haben die Welt ein wenig besser zu machen. Man muss nur mit offenen Augen durchs Leben gehen, um zu erkennen, wann der richtige Zeitpunkt gekommen ist. Für mich war nach meiner ersten Begegnung mit dem Dalai Lama 2011 klar, dass dies ein Wink des Schicksals sein musste. Das Versprechen, das ich ihm gab, war in gewissem Sinne auch ein Versprechen an mich selbst. Das Versprechen, die mir gegebenen Möglichkeiten zu nutzen, um zu helfen. Als Fotogra dient mir meine Kamera als Sprachrohr und so war eine Foto-Expedition nach Tibet das Naheliegende für mich. Am Ende steht nun dieses Buch, das die Essenz meiner Reise ist und den Menschen dieses wunderbare Land ein Stück näherbringen soll.

Auf dem sprichwörtlichen „Dach der Welt" traf ich neben de landschaftlichen Schönheit auf unglaubliche Menschen. Ich wurde von Mönchen in einsamen Klöstern aufgenommen, habe bei Noma den im Hochland gelebt und durfte bei den einfachen Bauern mein Zelt aufstellen. Die Zeit, die ich mit ihnen verbrachte habe, hat mich nachdenklich gemacht.

In der sogenannten autonomen Region Tibet der Volksrepublik China erlebte ich viele Widersprüche. Abseits der touristischen Pfade liegen die Wunden des Landes offen, die anderen Ortes mi frischer Farbe und ein wenig Mörtel kaschiert werden. Hinzu kommen die ökonomischen Interessen Chinas an Tibet. Der Straßenbau erschließt immer weiter entfernte Gebiete und macht die Uran- und Wasservorkommen Tibets zugänglicher. Schon jetzt wird an vielen Flüssen das Wasser zur Stromgewinnung für Chinas Großstädte gestaut. Es ist vielleicht nur noch eine Frage der Zeit, bis auch die Natur Tibets das Schicksal seiner Kultur teilen wird.

Die chinesische Regierung fördert mittlerweile den Wiederaufbau von Klöstern. Bleibt die Frage, wer sich um den Wiederaufbau des Volkes kümmert. Ein Volk, das um seine religiöse Identität fürchten muss, wenn nicht bald eine für beide Seiten akzeptable Lösung gefunden wird. Zwei unterschiedliche Völker, deren Kulturunterschieden ich täglich begegnet bin.

Der Dalai Lama kämpft seit vielen Jahrzehnten um Aufmerksamkeit für sein Land und die Menschen dort. Menschenrechtsverletzungen und Unterdrückung dürfen keinen Platz haben in eine Welt, die sich gern als zivilisiert betrachtet. Ich habe die Möglichkeit ihn ein wenig zu unterstützen, und hoffe, mit meinem Buch das Interesse und die Neugier der Leserinnen und Leser geweckt zu haben Im August 2014 hatte ich die Gelegenheit, Seiner Heiligkeit das erste Exemplar dieses Bildbandes zu überreichen (links). Viele der Bilder erinnerten den Dalai Lama an die Zeit in Tibet und er erzählte einige Geschichten aus seiner Kindheit und Jugend. Es war ein sehr emotionaler Moment für mich, in dem ich endlich mein Versprechen einlösen konnte, das ich ihm vor beinahe drei Jahren gegeben hatte.

Oben: Weite Strecken im Mustang-Tal lege ich mit dem Motorrad zurück. Hier am Fuße des Dhaulagiri.
Mit meinem treuen Sherpa verbrachte ich ein paar aufregende Tage bei dieser gastfreundlichen Nomadenfamilie.
Sauerstoffzufuhr auf 6000 Metern.

Mitte: Der Sage nach wurde der Jokhang-Tempel auf einem heiligen See erbaut, dessen Wasser man noch heute tief im Gestein plätschern hört.
Viele eisige Nächte verbrachten Tenzing und ich in unserem kleinen Zelt. Diese Aufnahme entstand am Ufer des Namtso.
Unten: Höhenakklimatisation: Noch haben wir gut lachen.

MAKING-OF

Über ein Jahr bereitete ich mich auf diese groß angelegte Expedition vor. Nachdem ich dem Dalai Lama das Versprechen gegeben hatte, Tibet zu bereisen und zu porträtieren, musste ich mir zunächst über die wichtigsten Punkte meines Vorhabens Gedanken machen.

In einem so riesigen Land einzelne Fixpunkte herauszuarbeiten war für mich eine besondere Herausforderung, denn Tibet ist so reich an kulturellen Schätzen, dass man in jede Stadt, in jedes Kloster reisen könnte. Die unvorstellbare Weite des Landes macht es zudem doppelt schwierig, zu entscheiden, wie man wo am besten hinkommt und in welcher Reihenfolge. Daher sind auch die zwei Expeditionen, die ich unternommen habe, in diesem Buch zu einer zusammengefasst und die Einteilung in alle Himmelsrichtungen entstanden. Eine eigens für die Reisen angelegte Karte half mir anschließend bei der genauen Bestimmung der geographischen Koordinaten. Die Erkundung der einzelnen Teilstrecken war letztendlich nur zu Fuß, mit dem Motorrad oder mit dem Jeep im Offroad-Terrain möglich.

Nachdem die Route sowie die wichtigsten Eckpunkte der Reise feststanden, machte ich mir Gedanken darüber, wie ich das Vorhaben am besten realisieren kann. Proviant und Treibstoff sowie die Genehmigungen für mindestens fünf Leute mussten permanent sichergestellt sein. Welche Kosten würden auf mich zukommen, und wie organisiere ich mir das bestmögliche Team? Nachdem ich mir den Rat einiger Tibetexperten eingeholt hatte, war schnell klar, dass diese Details in Kathmandu würden organisiert werden müssen und ich einen Sponsor finden müsste.

An erster Stelle auf meiner Liste stand das körperliche Training. Regelmäßiges Fitnesstraining und die wöchentlich mehrfachen Laufeinheiten würden nicht ausreichen, um in Tibet zu bestehen. Das höchstgelegene und am schwersten zugängliche Gebiet der Erde sollte man nicht ohne ausreichend Erfahrung betreten.

Nach unzähligen Übungstagen unter der Anleitung professioneller Alpinisten in den Voralpen bei München und in der Kletterhalle begab ich mich schließlich auch in die höher gelegenen Regionen. Erfahrene Bergführer gingen mit mir durch sämtliche Klettersteige, um alle erdenklichen Situationen einmal durchzuspielen. Auf diese Weise bekam ich nach und nach ein gutes Gespür für den Fels und auch für meine eigenen Grenzen. Gefahren im Vorfeld richtig einzuschätzen ist lebenswichtig, was ich später auch immer wieder in Tibet bemerkt habe. Denn dort musste ich nicht selten für die perfekte Kameraposition auf wackeligem, losem Gestein meine Trittfestigkeit beweisen oder auf schmalen Felsvorsprüngen stehen. Während meines Aufenthaltes in Tibet musste ich oft erst stundenlang suchen, bis ich den geeigneten Ort für die optimale Einstellung gefunden hatte.

Jedes Wochenende waren andere Touren geplant, die mit der Zeit immer anspruchsvoller wurden. Da viele Wegstrecken sowohl in Nepal als auch in Tibet zu Fuß zurückgelegt werden müssten und ich dabei natürlich mit Gepäck unterwegs wäre, musste ich meinen Körper an das Gewicht der zwei Rucksäcke gewöhnen, die ich für mich eingeplant hatte. Während ich viel Zeit mit der Ausarbeitung meiner Reiseroute verbrachte, testete ich außerdem die Tragfähigkeit meiner Schultern auf täglichen Märschen. Dafür lief ich morgens mit meinen Bergschuhen und einem 85-Liter-Rucksack, gefüllt mit Wasserflaschen, auf dem Rücken durch den Englischen Garten bis hin zu meinem Büro in der Stadtmitte und abends wieder zurück. Nach ein paar Wochen kam dann der zweite Rucksack hinzu, der das ungefähre Gewicht der Kameraausrüstung beinhaltete: Die große Leica S2, mit drei verschiedenen Objektiven, die Kleinbildkamera Leica V-Lux und eine handliche Go-Pro-Filmkamera sowie Stative und Akkus, Festplatten und etliches mehr an Zubehör. In den ersten zwei Wochen hatte ich mit diesem doppelten Gewicht ernsthaft zu kämpfen, da meine Schultern und mein Nacken ein so hohes Ge-

Oben: Freude beim ersten Sichtkontakt mit dem Mount Everest.
Kurz vor dem Kailash streckt mich die Höhenkrankheit für zwei Tage nieder.
Mitte: Langsam pirsche ich mich an ein Yak heran, das am Fluss trinkt.
Auch nach den anstrengenden Etappen unserer Reise versuche ich täglich ein paar Zeilen in mein Tagebuch zu schreiben.
Unten: Freundlicher Pilger.
Mein Höhenmesser zeigt den höchsten Punkt der Reise am Kailash.

wicht nicht gewohnt waren. Doch in der folgenden Zeit kam ich mit der zusätzlichen Belastung immer besser klar und ich blickte zuversichtlich in Richtung Abreise.

Ich war überzeugt davon, dass nur wenn ich perfekt vorbereitet bin, ich die Chance haben würde, in Höhen weit über 4000 Metern eine so lange Zeit unbeschadet zu überstehen. Nichts wollte ich dem Zufall überlassen. Den entzündeten Backenzahn, der mir schon seit geraumer Zeit Probleme bereitete, ließ ich mir kurzerhand ziehen. Eine weitere OP, in der mir störende Polypen entfernt werden sollten, stand an und Impfungen gegen Tollwut, Lungenentzündung und Tetanus. Mithilfe verschiedenster Ärzte stellte ich eine gut sortierte Notfallapotheke zusammen. Ich lernte, welche Maßnahmen bei einem Hirn- oder Lungenödem und der bekannten Höhenkrankheit erforderlich sind. In Sicherheitsseminaren bei Globetrotter erfuhr ich von den deutschen Höhenbergsteigern Alix von Melle und Luis Stitzinger alles, worauf ich im Himalaja zu achten hätte. Um die starken Temperaturunterschiede in Tibet besser verkraften zu können, benötigte ich außerdem dringend ein größeres Polster auf den Rippen. Eine Reserve quasi, aus der mein Körper die nötige Energie würde ziehen können. In Absprache mit meiner Frau begann ich die Ernährung Schritt für Schritt umzustellen.

Trotzdem gab es viele Hindernisse, die meine Reise kurz vor dem Start noch erheblich erschwerten. Die Möglichkeit, eine Expedition als Individualreisender in Tibet zu leiten, war mittlerweile fast unmöglich geworden. Besonders nach den vielen lang anhaltenden Unruhen in Tibet stellte es sich als sehr schwierig heraus. Es war kein Geheimnis, dass die Volksrepublik China nach Protestaktionen einiger tibetischer Minderheiten die Einreise für Touristen blockierte. Nur mit viel Geduld und noch viel mehr Hartnäckigkeit gelang es mir letztendlich, als deutscher Alleinreisender meine beiden mehr als dreimonatigen Aufenthalte innerhalb von zwei Jahren im Himalaja zu realisieren.

Doch auch der Alltag in Tibet musste gemeistert werden. Als Leiter der Expedition musste ich jeden Tag aufs Neue bestimmen, wo die Route entlangführt, wann gegessen, wo geschlafen wird. Dabei galt es stets den richtigen Ton zu treffen, damit sich unser chinesischer Begleiter nicht übergangen fühlte. Der wurde übrigens während der beiden Reisen mehrfach ausgetauscht, so dass ich mich immer wieder mit neuen Aufpassern anfreunden musste, um ein begrenztes Maß an Vertrauen aufzubauen. Das erkaufte ich meist mit besseren Unterkünften oder anderen Annehmlichkeiten wie Alkohol, sofern ich sie organisieren konnte. Dabei musste ich stets darauf achten, dass ich für ihn weiterhin ein einfacher Tourist blieb.

Der Begriff „Dalai Lama“ fiel, außer zwischen Tenzing und mir, wenn wir allein waren, nicht ein einziges Mal. Dass meine Route so viele verbotene Orte beinhaltete, diskutierte ich immer erst dann aus, wenn wir fast schon am Ziel waren. Es waren viele Diskussionen.

Es gab viele Momente, in denen ich über mich hinauswachsen musste. Momente, die mir noch heute eine Gänsehaut bescheren, wenn ich an sie denke. Wie zum Beispiel das Erreichen des Scheitelpunktes der *kora* um den Mount Kailash. Ich glaube, dass dies der befreiendste Punkt der ganzen Reise für mich war, als ich mich symbolisch mit der Anbringung einiger Gebetsfahnen von meinen bösen Geistern trennte. Oder als ich endlich den wunderschönen Mount Everest im Mondlicht vor mir sah.

Was von all dem bleibt, sind meine Geschichten und meine Bilder. Fotos, die, wäre es nach den chinesischen Militärs gegangen, das Land nicht verlassen hätten. Beim Schmuggeln der Speicherkarten konnte ich mich wieder einmal auf helfende Hände verlassen, ohne die ich mein Versprechen nicht hätte einlösen können.

Die Erfahrungen, die ich mit den Menschen in Tibet machen durfte, beeinflussten mein Leben nachhaltig. Heute versuche ich, die Dinge mit mehr Verständnis zu betrachten und erst alle Seiten zu beleuchten, bevor ich eine wichtige Entscheidung treffe.

LEICA

5955
TIME ALTI BARO COMP
1130
SUUNTO

DANKSAGUNG

Seiner Heiligkeit, dem Dalai Lama, habe ich meine Kraft, meinen Glauben und meine Ehrfurcht zu verdanken. Er hat mich positiv inspiriert und tut das noch heute.
Ich möchte meiner Frau danken, die mir in dieser ungewissen, schwierigen Zeit ohne jegliche Kontaktmöglichkeit nach Hause stets zur Seite stand und mir schon im Vorfeld die Kraft und das Vertrauen gab, mein Vorhaben mit all seinen Höhen und Tiefen umzusetzen. Ich danke meinem Sohn dafür, dass er mich jeden Tag anspornt, über mich hinauszuwachsen.
Auch dir, lieber Dieter, möchte ich für deine unermüdliche Hilfestellung danken. Du handelst aus Mitgefühl und hast genau das verinnerlicht, woran der Dalai Lama erinnert.
Einen großen Dank für seine Großzügigkeit möchte ich an Andreas Kaufmann aussprechen. Sein feines Gespür für das Wesentliche war eine große Hilfe.
Lieber Andreas Hess, liebe Sylvia Hess, ihr habt ebenfalls vom ersten Augenblick an mich geglaubt und mich dazu ermutigt, noch viel weiter zu gehen, als ich es mir vorstellen konnte. Ohne euch stünde ich heute nicht an diesem Punkt. Ich danke euch für eure unendliche Geduld, euren Scharfsinn und eure unglaubliche Energie, die ihr täglich in mein Projekt investiert.
An dieser Stelle darf ich die Namen vieler Menschen nicht nennen. Damit würde ich sie in Gefahr bringen. Von ganzem Herzen möchte ich genau euch für euren Einsatz danken.
Ich danke Frank Auth und Thomas Götzfried und ihrem Verein „Freunde für einen Freund“, denen ich meine erste Begegnung mit dem Dalai Lama zu verdanken habe.
Auf Tibetisch heißt danke *„Thug je Che“*. Danke an meine vielen Helfer und Begleiter dieser großen Reise und insbesondere Andreas Stollreiter, der mich über mehrere Wochen in Westtibet begleitet hat. Danke für deine physische und mentale Kraft in eisiger Höhe. Jochen Kubot, Mme Alisa, Wolfgang Grader, Petra Maurer, Babak Shahverdi, Jörg Eigendorf, Jochen Hirschfeld und Christian Lang gebührt mein Dank für ihre Unterstützung, dieses Projekt in seinen Anfängen in Worte zu fassen, es zu realisieren und zu etwas ganz Besonderem zu machen.
Und vor allem danke ich allen Lesern dieses Buches, denn ihr seid diejenigen, die Teil meines Versprechens werden.

Von ganzem Herzen danke ich euch!

IMPRESSUM

Fotos und Text: York Hovest

Veröffentlicht von National Geographic Deutschland, 2. Auflage, Hamburg 2014.

Konzept und Lektorat: Stephanie Jaeschke
Gesamtgestaltung und Bildredaktion: Tina Strube | books & infographics
Schlussredaktion: Hartmut Schönfuß
Übersetzung des Vorworts: Monika Rößiger
Herstellung: Piper Verlag GmbH München, Svenja Becker
Litho: Peter Becker GmbH, Würzburg
Druck: APPL, Wemding

Printed in Germany
ISBN 978-3-86690-411-8

Mein Video zu „Das Versprechen“ sehen Sie hier.

KOOPERATIONSPARTNER

Karakorum
Rutok
Indus
Chang
Sênggê Tsangpo
Napuk
Gertse
Trans
Sutlej
Kangrinboqê
[Kailash]
6638 m
T
I
bi
Purang
Him
ala
INDIEN
NEPAL
Ganges
Kathmandu
N
NE
E
SE
S
SW
W
NW